utb 5145

Eine Arbeitsgemeinschaft der Verlage

Böhlau Verlag · Wien · Köln · Weimar
Verlag Barbara Budrich · Opladen · Toronto
facultas · Wien
Wilhelm Fink · Paderborn
A. Francke Verlag · Tübingen
Haupt Verlag · Bern
Verlag Julius Klinkhardt · Bad Heilbrunn
Mohr Siebeck · Tübingen
Ernst Reinhardt Verlag · München · Basel
Ferdinand Schöningh · Paderborn
Eugen Ulmer Verlag · Stuttgart
UVK Verlagsgesellschaft · Konstanz, mit UVK/Lucius · München
Vandenhoeck & Ruprecht · Göttingen · Bristol
Waxmann · Münster · New York
wbv Publikation · Bielefeld

Markus Fischer • Jürgen Sauer • Reinhard J. Wabnitz

Grundkurs Berufsrecht für die Soziale Arbeit

Mit 2 Tabellen, 37 Übersichten, 14 Fällen und Musterlösungen

Ernst Reinhardt Verlag München

Prof. Dr. jur. *Markus Fischer*, Prof. Dr. jur. *Jürgen Sauer* und Prof. Dr. jur. Dr. phil. *Reinhard J. Wabnitz* lehren Recht im Fachbereich Sozialwesen an der Hochschule RheinMain in Wiesbaden.

Außerdem im Ernst Reinhardt Verlag erschienen:

– Sauer, Wabnitz, Fischer (2016): Grundkurs Existenzsicherungsrecht für die Soziale Arbeit (UTB Bestellnummer 978-3-8252-4673-0)
– Wabnitz (2015): Grundkurs Bildungsrecht für Pädagogik und Soziale Arbeit (UTB Bestellnummer 978-3-8252-4350-0)
– Wabnitz (2018): Grundkurs Recht für die Soziale Arbeit, 4. Aufl. (UTB Bestellnummer 978-3-8252-5080-5)
– Wabnitz (2015): Grundkurs Kinder- und Jugendhilferecht für die Soziale Arbeit, 4. Aufl. (UTB Bestellnummer 978-3-8252-4520-7)
– Wabnitz (2014): Grundkurs Familienrecht für die Soziale Arbeit. 4. Aufl. (UTB Bestellnummer 978-3-8252-4264-0)

Bibliografische Information der Deutschen Nationalbibliothek

Die Deutsche Nationalbibliothek verzeichnet diese Publikation in der Deutschen Nationalbibliografie; detaillierte bibliografische Daten sind im Internet über <http://dnb.d-nb.de> abrufbar.
UTB-Band-Nr.: 5145
ISBN 978-3-8252-5145-1

© 2019 by Ernst Reinhardt, GmbH & Co KG, Verlag, München

Dieses Werk einschließlich seiner Teile ist urheberrechtlich geschützt. Jede Verwertung außerhalb der engen Grenzen des Urheberrechtsgesetzes ist ohne schriftliche Zustimmung der Ernst Reinhardt, GmbH & Co KG, München, unzulässig und strafbar. Das gilt insbesondere für Vervielfältigungen, Übersetzungen in andere Sprachen, Mikroverfilmungen und die Einspeicherung und Verarbeitung in elektronischen Systemen.

Printed in EU
Einbandgestaltung: Atelier Reichert, Stuttgart
Satz: FELSBERG Satz & Layout, Göttingen

Ernst Reinhardt Verlag, Kemnatenstr. 46, D-80639 München
Net: www.reinhardt-verlag.de E-Mail: info@reinhardt-verlag.de

Inhalt

Abkürzungsverzeichnis		12
Vorwort		16
1	**Einführung in das Arbeitsrecht**	17
1.1	Sonderrecht der ArbeitnehmerInnen	17
1.1.1	ArbeitnehmerInnen	18
1.1.2	BeamtInnen	19
1.1.3	Selbständige	19
1.2	Rechtsquellen des Arbeitsrechts	20
1.2.1	Verfassungs- und Unionsrecht	21
1.2.2	Gesetze und Verordnungen	21
1.2.3	Tarifverträge, Betriebs- und Dienstvereinbarungen, Arbeitsverträge, Betriebliche Übungen und Weisungen	22
1.3	Kirchliches Arbeitsrecht	23
1.4	Der praktische Fall: Die Einzelfallhelferin	24
2	**Die Begründung des Arbeitsverhältnisses**	25
2.1	Anbahnung des Arbeitsverhältnisses	25
2.1.1	Stellenanzeige	26
2.1.2	Vorstellungsgespräch	27
2.1.3	Absagen und Aufwendungsersatz	28
2.2	Vertragsschluss	29
2.2.1	Vertragsfreiheit	29
2.2.2	Angebot und Annahme	30
2.2.3	Form	31
2.3	Inhalt des Arbeitsvertrages	31

2.3.1	Wesentlicher Inhalt eines Arbeitsvertrages	32
2.3.2	Arbeitszeit	32
2.3.3	Sonstiger möglicher Vertragsinhalt	34
2.4	Der praktische Fall: Fragen und Lügen	34
3	**Arbeitsverhältnis, Rechte und Pflichten**	35
3.1	Hauptpflichten	36
3.1.1	Arbeitsleistung im Rahmen des Weisungsrechts	36
3.1.2	Vergütung	37
3.1.3	Leistungsstörungen	37
3.2	Die Fürsorgepflichten	38
3.2.1	Begriff	38
3.2.2	Fallgruppe Mobbing	39
3.2.3	Ansprüche bei Verletzung der Fürsorgepflicht	39
3.3	Die Treuepflichten	40
3.3.1	Begriff	40
3.3.2	Fallgruppe Whistle Blowing	40
3.3.3	Ansprüche bei Verletzung der Treuepflichten	41
3.4	Der praktische Fall: Der gemobbte Whistleblower	41
4	**Die Beendigung des Arbeitsverhältnisses**	43
4.1	Fristende und Aufhebungsvertrag	44
4.1.1	Befristung eines Arbeitsvertrages	44
4.1.2	Aufhebung eines Arbeitsvertrages	45
4.1.3	Formerfordernisse	46
4.2	Kündigung	46
4.2.1	Ordentliche Kündigung	48
4.2.2	Außerordentliche Kündigung	49
4.2.3	Auflösung des Arbeitsverhältnisses durch gerichtliches Urteil	50
4.3	Das Arbeitszeugnis	50
4.3.1	Anspruch auf ein Arbeitszeugnis	51
4.3.2	Zeugnissprache	51
4.3.3	Einklagbarkeit eines Zeugnisses	52

4.4	Der praktische Fall: Zurück nach 20 Jahren.	53 |//

5	**Haftung im Arbeitsverhältnis**	55
5.1	Haftung der ArbeitnehmerInnen gegenüber ArbeitgeberInnen	55
5.1.1	Rechtliche Grundlagen	56
5.1.2	Betrieblich veranlasste Tätigkeit	57
5.1.3	Haftungsausschluss	57
5.2	Haftung gegenüber Dritten	59
5.2.1	Haftung gegenüber Kollegen	59
5.2.2	Haftung gegenüber nicht zum Betrieb gehörigen Dritten	60
5.2.3	Ansprüche gegen die ArbeitgeberInnen	60
5.3	Haftung beim Arbeitsunfall	61
5.3.1	Personenschaden	61
5.3.2	Sachschaden	61
5.3.3	Vermögensschaden	62
5.4	Der praktische Fall: Die Schulsozialarbeiterin	63

6	**Die berufliche Schweigepflicht**	64
6.1	Der schweigepflichtige Personenkreis	64
6.1.1	BeraterInnen in bestimmten Beratungsstellen	64
6.1.2	Staatlich anerkannte SozialarbeiterInnen und SozialpädagogInnen	65
6.1.3	Amtsträger	65
6.2	Der Umfang der Schweigepflicht	65
6.2.1	Geheimnis	66
6.2.2	„Fremdheit" des Geheimnisses	66
6.2.3	Einzelangaben über persönliche oder sachliche Verhältnisse	66
6.3	Kenntniserlangung im Rahmen der Berufsausübung / als Amtsträger	67
6.3.1	„Anvertraut"	67
6.3.2	„Sonst bekanntgeworden"	67
6.3.3	Kenntniserlangung „als" Berufsrollenträger oder Amtsträger	67
6.4	Der praktische Fall: Bewährungshilfe in der Kneipe?	69

7	**Die Offenbarung von Berufsgeheimnissen**	71
7.1	Die Geheimnisoffenbarung	71
7.1.1	Tathandlung „offenbaren"	71
7.1.2	Besonderheiten bei Amtsträgern	72
7.1.3	Die Informationsweitergabe gegenüber Gehilfen und Auszubildenden	73
7.2	Offenbarungsbefugnisse	73
7.2.1	Einwilligung in die Geheimnisoffenbarung	74
7.2.2	Offenbarung zur Abwendung von Gefahren	74
7.2.3	Sonstige Offenbarungsbefugnisse	75
7.3	Offenbarungspflichten	75
7.3.1	Erziehungsrecht der Eltern	76
7.3.2	Anzeige- und Zeugnispflicht	77
7.3.3	Spezialgesetzliche Offenbarungspflichten	78
7.4	Der praktische Fall: Schüler in Not	80
8	**Zeugnisverweigerungsrechte**	81
8.1	Schweigepflicht und Zeugnisverweigerungsrecht	81
8.1.1	Zeugnisverweigerungsrechte im Rechtsstaat	81
8.1.2	Zeugnisverweigerungsrechte für die soziale Arbeit	82
8.2	Zeugnisverweigerungsrechte im Strafprozess	82
8.2.1	Zeugnisverweigerungsrecht aus beruflichen Gründen	82
8.2.2	Aussagegenehmigung und Zeugnisverweigerung	83
8.2.3	Verfassungsunmittelbares Zeugnisverweigerungsrecht	84
8.3	Zeugnisverweigerungsrechte in sonstigen Verfahren	85
8.3.1	Zeugnisverweigerungsrecht im Zivilprozess	85
8.3.2	Zeugnisverweigerungsrechte nach sonstigen Prozessordnungen	85
8.3.3	Zeugnisverweigerungsrecht im Verwaltungsverfahren	86
8.4	Der praktische Fall: Das Jobcenter als „verlängerter Arm" der Polizei?	86
9	**Die zivilrechtliche Aufsichtspflicht**	88
9.1	Entstehung der Aufsichtspflicht	89

9.1.1	Gesetzliche Aufsichtspflichten	90
9.1.2	Vertragliche Aufsichtspflichten	91
9.1.3	Keine Gefälligkeitsaufsicht	92
9.2	Inhalt und Umfang der Aufsichtspflicht	92
9.2.1	Inhalt der Aufsichtspflicht	93
9.2.2	Umfang der Aufsichtspflicht	93
9.2.3	Delegation der Aufsichtspflicht	95
9.3	Aufsichtspflichtverletzung und Exkulpation	95
9.3.1	Verletzung der Aufsichtspflicht	96
9.3.2	Entlastungsbeweis (Exkulpation)	96
9.3.3	Schadensersatzpflichten	97
9.4	Der praktische Fall: Der sportliche Vater und Übungsleiter	98
10	**Strafrechtliche Aufsichtspflichten**	**99**
10.1	Strafrechtliche Verantwortlichkeit	99
10.1.1	Zielsetzungen und Rechtsquellen des Strafrechts	99
10.1.2	Grundlagen des materiellen Strafrechts	100
10.1.3	Rechtsfolgen von Straftaten	101
10.2	Verletzung einer Fürsorge- und Aufsichtspflicht	102
10.2.1	Aufsichtspflichtverletzungen und Strafbarkeit	102
10.2.2	Verletzung der Fürsorge- und Erziehungspflicht	102
10.2.3	Weitere relevante Straftatbestände	103
10.3	Strafrechtliche Garantenstellung	105
10.3.1	Begehen einer Straftat durch Unterlassen	105
10.3.2	Garantenstellung/Beschützergarantie	106
10.3.3	Weitere Einzelheiten	107
10.4	Der praktische Fall: Strafbarkeit durch Unterlassen?	108
11	**Sozialarbeit als Rechtsdienstleistung**	**110**
11.1	Das RDG und die soziale Arbeit	110
11.1.1	Die Regelungsidee des RDG	110
11.1.2	Der Begriff der „Rechtsdienstleistung"	112
11.1.3	Soziale Arbeit als Rechtsdienstleistung	114

10　Inhalt

11.2	Rechtsdienstleistungen als „Nebenleistung" sozialer Arbeit (§ 5 RDG)?	115
11.2.1	Die Befugnis zur Erbringung von Rechtsdienstleistungen als Nebenleistung	115
11.2.2	§ 5 RDG und die soziale Arbeit	116
11.3	Rechtsdienstleistungsbefugnisse für die soziale Arbeit	116
11.3.1	Unentgeltliche Rechtsdienstleistungen (§ 6 RDG)	117
11.3.2	Mitgliederberatung in Interessenvereinigungen (§ 7 RDG)	118
11.3.3	Rechtsdienstleistungen durch öffentliche und öffentlich anerkannte Stellen (§ 8 RDG)	119
11.4	Der praktische Fall: Die studentische Law-Clinic	120
12	**Die Anerkennungsgesetze der Länder**	**121**
12.1	Die Regelung der staatlichen Anerkennung	121
12.1.1	Die staatliche Anerkennung als „Zusatzzertifikat" zum hochschulischen Bildungsabschluss	121
12.1.2	Die staatliche Anerkennung und der Bologna-Prozess	122
12.1.3	Die Regelungen der Bundesländer	123
12.2	Voraussetzungen der staatlichen Anerkennung	125
12.2.1	Angeleitetes Berufspraktikum	125
12.2.2	Erwerb ausgewiesener Rechtskenntnisse sowie administrativer Kompetenzen	127
12.2.3	Sozialadministratives bzw. Verwaltungspraktikum	127
12.3	Staatliche Anerkennung als Eingruppierungs- und Laufbahnvoraussetzung; Fachkräftevorbehalt	127
12.3.1	Staatliche Anerkennung und Tarifrecht	127
12.3.2	Staatliche Anerkennung und öffentliches Laufbahnrecht	128
12.3.3	Staatliche Anerkennung und Berufszugang	129
12.4	Der praktische Fall: Wer die Wahl hat, hat die Qual	130
13	**Versicherungsrecht**	**131**
13.1	Privatrechtliche Versicherung	131
13.1.1	Grundzüge des Versicherungsvertragsgesetzes	132
13.1.2	Allgemeine Versicherungsbedingungen (AVB)	133

13.1.3	Bedeutung der privatrechtlichen Versicherung für das Arbeitsverhältnis	133
13.2	Unfallversicherung (SGB VII)	134
13.2.1	Versicherter Personenkreis und Leistungen	134
13.2.2	Arbeitsunfall	134
13.2.3	Berufskrankheit	135
13.3	Weitere ausgewählte Versicherungen	135
13.3.1	Arbeitslosenversicherung	135
13.3.2	Kranken-, Pflegeversicherung, (SGB V, XI)	136
13.3.3	Gesetzliche Rentenversicherung (SGB VI), Rehabilitation und Teilhabe von Menschen mit Behinderung (SGB IX)	136
13.4	Der praktische Fall: Aller Anfang ist schwer	137
14	**Rechtsschutz**	**138**
14.1	Rechtsschutz im allgemeinen Zivilrecht	138
14.1.1	Aufbau der Zivilgerichtsbarkeit	138
14.1.2	Verfahren im 1. Rechtszug	139
14.1.3	Rechtsmittel, Kosten	140
14.2	Rechtsschutz im Arbeitsrecht	141
14.2.1	Aufbau der Arbeitsgerichtsbarkeit	142
14.2.2	Verfahren im 1. Rechtszug	143
14.2.3	Rechtsmittel, Kosten	144
14.3	Rechtsschutz im Strafrecht	144
14.3.1	Aufbau der Strafgerichtsbarkeit	144
14.3.2	Verfahren im 1. Rechtszug	145
14.3.3	Rechtsmittel, Kosten	147
14.4	Der praktische Fall: Mobbing und Körperverletzung	149

Lösungen der praktischen Fälle ... 150

Literatur ... 174

Sachregister ... 178

Abkürzungsverzeichnis

AdVermiG	Adoptionsvermittlungsgesetz
AFBG	Aufstiegsfortbildungsförderungsgesetz
AG	Amtsgericht
AGJ	Arbeitsgemeinschaft für Kinder- und Jugendhilfe
AltPflG	Altenpflegegesetz
ArbGG	Arbeitsgerichtsgesetz
Art	Artikel
ASR	Anwalt/Anwältin im Sozialrecht (Zeitschrift)
AsylVfG	Asylverfahrensgesetz
AufenthG	Aufenthaltsgesetz
BAföG	Bundesausbildungsförderungsgesetz
BAG	Bundesarbeitsgericht
BayEUG	Bayerisches Gesetz über das Erziehungs- und Unterrichtswesen
BBiG	Berufsbildungsgesetz
BDSG	Bundesdatenschutzgesetz
BEEG	Bundeselterngeld- und Elternzeitgesetz
BGB	Bürgerliches Gesetzbuch
BGBl	Bundesgesetzblatt
BGH	Bundesgerichtshof
BGHZ	Amtliche Sammlung der Entscheidungen des Bundesgerichtshofs in Zivilsachen
BKGG	Bundeskindergeldgesetz
BKiSchG	Bundeskinderschutzgesetz
BMAS	Bundesministerium für Arbeit und Soziales
BMBF	Bundesministerium für Bildung und Forschung
BMFSFJ	Bundesministerium für Familie, Senioren, Frauen und Jugend
BRK	(UN-)Behindertenrechtskonvention
BSG	Bundessozialgericht
BSchulG	Schulgesetz für das Land Berlin
BSHG	Bundessozialhilfegesetz in der Fassung bis zum 31.12.2004 (jetzt: SGB II)
BVerfG	Bundesverfassungsgericht

Abkürzungsverzeichnis 13

BVerfGE	Amtliche Sammlung der Entscheidungen des Bundesverfassungsgerichts
BVerfG	Bundesverfassungsgerichtsgesetz
BVerfGE	Amtliche Sammlung der Entscheidungen des Bundesverfassungsgerichts
BVerwG	Bundesverwaltungsgericht
BVerwGE	Amtliche Sammlung der Entscheidungen des Bundesverwaltungsgerichts
DIPF	Deutsches Institut für internationale pädagogische Forschung
EGBGB	Einführungsgesetz zum BGB
EStG	Einkommensteuergesetz
FamFG	Gesetz über das Verfahren in Familiensachen und in den Angelegenheiten der freiwilligen Gerichtsbarkeit
FamRZ	Zeitschrift für das gesamte Familienrecht
FGO	Finanzgerichtsordnung
Forum Jugendhilfe	Zeitschrift
FuR	Familie und Recht (Zeitschrift)
GG	Grundgesetz
GVBl	Gesetz- und Verordnungsblatt
GVG	Gerichtsverfassungsgesetz
IJAB	Fachstelle für Internationale Jugendarbeit der Bundesrepublik Deutschland e. V. (früher: Internationaler Jugendaustausch- und Besucherdienst)
IHKG	Gesetz über die Industrie- und Handelskammern
HSchulG	Hessisches Schulgesetz
HwO	Handwerksordnung
JA/JÄer	Jugendamt/Jugendämter
JAmt	Das Jugendamt (Zeitschrift)
JGG	Jugendgerichtsgesetz
JuSchG	Jugendschutzgesetz
JZ	Juristenzeitung
KfW	Kreditanstalt für Wiederaufbau
KKG	Gesetz zur Kooperation und Information im Kinderschutz
KRK	(UN-)Kinderrechtskonvention
LG	Landgericht
LJA/LJÄer	Landesjugendamt/Landesjugendämter
NDV(-RD)	Nachrichtendienst des Deutschen Vereins für öffentliche und private Fürsorge (-Rechtsprechungsdienst)

NJ	Neue Justiz (Zeitschrift)
NJW	Neue Juristische Wochenschrift
NRWSchulG	Schulgesetz Nordrhein-Westfalen
NVwZ(–RR)	Neue Zeitschrift für Verwaltungsrecht (– Rechtsprechungsreport)
NZA	Neue Zeitschrift für Arbeitsrecht
OLG	Oberlandesgericht
OWiG	Gesetz über Ordnungswidrigkeiten
RdJB	Recht der Jugend und des Bildungswesens (Zeitschrift)
RG	Reichsgericht
RGBl	Reichsgesetzblatt
RGSt	Amtliche Sammlung der Entscheidungen des Reichsgerichts in Strafsachen
Rz	Randziffer(n)
SGB	Sozialgesetzbuch
SGB I	Erstes Buch Sozialgesetzbuch (Allg. Teil)
SGB II	Zweites Buch Sozialgesetzbuch (Grundsicherung für Arbeitsuchende)
SGB III	Drittes Buch Sozialgesetzbuch (Arbeitsförderung)
SGB IV	Viertes Buch Sozialgesetzbuch (Gemeinsame Vorschriften für die Sozialversicherung)
SGB V	Fünftes Buch Sozialgesetzbuch (Gesetzliche Krankenversicherung)
SGB VI	Sechstes Buch Sozialgesetzbuch (Gesetzliche Rentenversicherung)
SGB VII	Siebtes Buch Sozialgesetzbuch (Gesetzliche Unfallversicherung)
SGB VIII	Achtes Buch Sozialgesetzbuch (Kinder- und Jugendhilfe)
SGB IX	Neuntes Buch Sozialgesetzbuch (Rehabilitation und Teilhabe)
SGB X	Zehntes Buch Sozialgesetzbuch (Verwaltungsverfahren)
SGB XI	Elftes Buch Sozialgesetzbuch (Soziale Pflegeversicherung)
SGB XII	Zwölftes Buch Sozialgesetzbuch (Sozialhilfe)
SGb	Die Sozialgerichtsbarkeit (Zeitschrift)
SGG	Sozialgerichtsgesetz
StGB	Strafgesetzbuch
StPO	Strafprozessordnung

U3	Fachkürzel für Kinder im Alter von unter drei Jahren
UJ	Unsere Jugend (Zeitschrift)
UN	Vereinte Nationen
UN-BRK	UN- Behindertenrechtskonvention
UN-KRK	UN- Kinderrechtskonvention
UrhG	Urheberrechtsgesetz
UVG	Unterhaltsvorschussgesetz
VwGO	Verwaltungsgerichtsordnung
VwVfG	Verwaltungsverfahrensgesetz
WRV	Weimarer Reichsverfassung
ZKJ	Zeitschrift für Kindschaftsrecht und Jugendhilfe
ZPO	Zivilprozessordnung

Es haben bearbeitet:
Reinhard Wabnitz: Kap. 9–10, 14
Jürgen Sauer: Kap. 6–8, 11–12
Markus Fischer: Kap. 1–5, 13

Vorwort

In der Sozialen Arbeit tätige Menschen sind mit hohen beruflichen Anforderungen und mit unterschiedlichen rechtlichen Aufgaben konfrontiert. Neben Fragen nach der Zulässigkeit dieser beruflichen Anforderungen müssen sie sich auch mit Haftungsfragen auseinandersetzen.

Das Berufsrecht in der Sozialen Arbeit ist Teil des Curriculums zahlreicher Studiengänge der Sozialen Arbeit und ist relevant für alle in der Praxis tätigen Sozialarbeiterinnen und Sozialarbeiter. Praxisbezogen, systematisch und leicht verständlich werden in diesem Grundkurs die Regelungen dargestellt, die für die Ausübung der Sozialen Arbeit als Beruf bedeutsam sind. Diese Regelungen des Berufsrechts beziehen sich auf das Arbeitsrecht in Hinblick auf die Soziale Arbeit, auf die Schweigepflicht, auf die Aufsichtspflicht, auf das Anerkennungs- und Versicherungsrecht sowie auf Fragen zur Sozialen Arbeit als Rechtsdienstleistung und auf Fragen zum Rechtsschutz.

Studierende werden mit Übersichten, Fällen und Musterlösungen auf ihre Rechte und Pflichten in der späteren beruflichen Praxis und auf Modulprüfungen vorbereitet. Sozialarbeiterinnen und Sozialarbeitern bietet der Grundkurs einen Ratgeber für berufsrechtliche Fragen.

Wiesbaden im November 2018
Markus Fischer
Jürgen Sauer
Reinhard J. Wabnitz

1 Einführung in das Arbeitsrecht

Die Einführung beinhaltet die Grundlagen des Arbeitsrechts aus der Sicht von SozialarbeiterInnen.

1.1 Sonderrecht der ArbeitnehmerInnen

Das Arbeitsrecht gehört als besonderes Schuldrecht zum Zivilrecht. Es dient dem Schutz der in einem Arbeitsverhältnis beschäftigten Menschen und wird daher als das Sonderrecht der ArbeitnehmerInnen bezeichnet (Dütz/Thüsing 2017, Rn. 1a). Es wird als Sonderrecht eingestuft, da dieser Personenkreis aufgrund seiner wirtschaftlich schwächeren Position im Vergleich zu ArbeitgeberInnen als schutzbedürftig angesehen wird. Deswegen wird die im Zivilrecht geltende Vertragsfreiheit durch arbeitsrechtliche Vorschriften eingeschränkt (vgl. 105 GewO).

Die Tätigkeiten der Sozialen Arbeit werden durch ArbeitnehmerInnen, BeamtInnen und durch selbständig Tätige ausgeführt. Im Folgenden werden diese drei Tätigkeitsformen voneinander abgegrenzt.

Tätigkeitsformen in der Sozialen Arbeit

Übersicht 1

1. ArbeitnehmerInnen gem. § 611 a BGB
1.1 Arbeitsvertrag
1.2 Verpflichtung
    1.2.1 zu weisungsgebundener, fremdbestimmter Arbeit in persönlicher Abhängigkeit
    1.2.2 in Bezug auf Inhalt, Durchführung, Zeit und Ort der Tätigkeit
    1.2.3 nach Gesamtbetrachtung

2. BeamtInnen
2.1 Verfassungsrechtliche Grundlagen: Art. 33 GG, 74 Abs. 1 Nr. 27 GG
2.2 Gesetzliche Grundlagen: Beamtenstatusgesetz, Landesbeamtengesetze (z. B. Hessisches Beamtengesetz)

3. Selbständige
3.1 Abgrenzung zu ArbeitnehmerInnen:
   3.1.1 nicht weisungsgebunden
   3.1.2 freie Arbeitszeiteinteilung bzw. Arbeitszeit nach Vereinbarung
   3.1.3 eigenes Büro
   3.1.4 Tragen des Unternehmensrisikos
   3.1.5 mehrere AuftraggeberInnen
3.2 Unterscheidung zwischen Dienstvertrag und Werkvertrag

1.1.1 ArbeitnehmerInnen

Unter ArbeitnehmerInnen werden gem. § 611a BGB Menschen verstanden, welche auf der Grundlage eines entgeltlichen privatrechtlichen Vertrages „im Dienste eines anderen zur Leistung weisungsgebundener, fremdbestimmter Arbeit in persönlicher Abhängigkeit verpflichtet" sind (§ 611a BGB). **Im Jahr 2013 gab es 293.000 Menschen in Deutschland, welche in der Sozialen Arbeit sozialversicherungspflichtig beschäftigt waren** (Orlanski 2015, 16).

Die Einordnung der Tätigkeit als unselbständig bzw. selbständig spielt im Arbeitsrecht, im Sozialversicherungsrecht und im Steuerrecht eine Rolle, wobei die arbeitsrechtliche Beurteilung durch die Arbeitsgerichte, die sozialversicherungsrechtliche Prüfung durch die Sozialgerichte und die steuerrechtliche Beurteilung durch die Finanzgerichte jeweils unabhängig voneinander vorgenommen werden (vgl. BFH 28.2.2002 – V B 31/01). Für Unselbständige bzw. ArbeitnehmerInnen gelten die Schutzbestimmungen des Arbeitsrechts, wie zum Beispiel Kündigungsschutz unter den Voraussetzungen des Kündigungsschutzgesetzes (KSchG), Entgeltfortzahlung im Krankheitsfalle nach dem Entgeltfortzahlungsgesetz (EntgFG) und Begrenzung der Arbeitszeit nach dem Arbeitszeitgesetz (ArbZG). Im Sozialversicherungsrecht hängt von der Unselbständigkeit im Sinne von § 7 SGB IV unter anderem das Bestehen einer gesetzlichen Krankenversicherungspflicht nach dem SGB V, einer Arbeitslosenversicherungspflicht nach dem SGB III und einer gesetzlichen Rentenversicherungspflicht nach dem SGB VI ab. Schließlich wird bei unselbständiger Tätigkeit im Steuerrecht nach § 38 EStG die Einkommensteuer vom Arbeitslohn abgezogen. Wer als ArbeitnehmerInnen im Steuerrecht eingestuft wird, ist in § 1 LStDV geregelt.

1.1.2 BeamtInnen

Anerkannte SozialarbeiterInnen können beispielsweise in der Sozialen Arbeit als BeamtInnen im Strafvollzugsdienst und in der Bewährungshilfe tätig sein (vgl. Bildungsinstitut des niedersächsischen Justizvollzuges o.J.; Deutscher Berufsverband für Soziale Arbeit o.J.a). Als BeamtInnen stehen sie „in einem öffentlich-rechtlichen Dienst- und Treueverhältnis" (Art. 33 Abs. 4, 5 GG). Während arbeitsrechtliche Streitigkeiten vor dem Arbeitsgericht nach dem Arbeitsgerichtsgesetz stattfinden, werden beamtenrechtliche Streitigkeiten vor dem Verwaltungsgericht nach § 40 Abs. 1 VwGO geklärt.

Das Beamtenrecht ist geregelt im Beamtenstatusgesetz (BeamtStG), welches auf der Grundlage von Art. 74 Abs. 1 Nr. 27 GG erlassen wurde. Neben dem genannten Gesetz beinhaltet das Beamtenrecht das Bundesbeamtengesetz für BundesbeamtInnen und die Landesbeamtengesetze für LandesbeamtInnen. Das Beamtenstatusgesetz regelt das Statusrecht der LandesbeamtInnen (vgl. § 1 BeamtStG).

1.1.3 Selbständige

Die Selbständigen fallen nicht unter den Sonderschutz der ArbeitnehmerInnen. Im Rahmen der Sozialen Arbeit gibt es kein einheitliches Berufsfeld in Bezug auf die Selbständigkeit. Leistungen der ambulanten Jugendhilfe nach §§ 30, 31 SGB VIII und ambulante Hilfen für Menschen mit Behinderungen oder Leistungen für Menschen in besonderen sozialen Schwierigkeiten nach §§ 53, 67 SGB XII kommen beispielsweise als selbständige Tätigkeiten in Betracht (Bundesministerium für Wirtschaft und Energie 2017, 6).

Aus dem Umkehrschluss aus § 611a Abs. 1 S. 2 BGB ergibt sich, dass eine arbeitsrechtliche Selbständigkeit gegeben ist, wenn die Tätigkeit im Wesentlichen frei gestaltet und die Arbeitszeit selbst bestimmt werden kann, wobei die Beurteilung sich an einer Gesamtbetrachtung aller Umstände bei der tatsächlichen Vertragsdurchführung orientiert (vgl. § 611a Abs. 1 S. 4, 5 BGB). So kann zum Beispiel eine Schulbegleitung arbeitsrechtlich als selbständige Tätigkeit angesehen werden, obwohl Zeit und Ort der Schulbegleitung vorgegeben sind (LAG Niedersachsen 3.3.2011 – 7 Sa 1370/10).

Innerhalb der Selbständigkeit kann schließlich zwischen Dienstverträgen nach §611 BGB, Werkverträgen nach §631 BGB und Aufträgen nach §662 BGB unterschieden werden. Bei Aufträgen liegt im Gegensatz zu den anderen Verträgen eine unentgeltliche Tätigkeit vor. Dienst- und Werkverträge unterscheiden sich dadurch, dass bei Werkverträgen im Gegensatz zu Dienstverträgen ein Erfolg geschuldet wird statt einer Dienstleistung. Die Erstellung eines Gutachtens kann beispielsweise im Rahmen eines Werkvertrages geleistet werden, während die Schulbegleitung mangels einer Verpflichtung zu einem bestimmten Erfolg im Rahmen eines Dienstvertrages geleistet werden kann.

1.2 Rechtsquellen des Arbeitsrechts

Die Rechtsquellen im Arbeitsrecht werden in der folgenden Übersicht dargestellt.

Rechtsquellen

1. Verfassungs- und Europarecht
2. Zwingende Gesetzesvorschriften
3. Rechtsverordnungen
4. Tarifverträge
5. Betriebsvereinbarungen und Dienstvereinbarungen
6. Arbeitsverträge
7. Dispositive Gesetzesvorschriften
8. Betriebliche Übung
9. Weisungen der ArbeitgeberInnen

Übersicht 2

1.2.1 Verfassungs- und Unionsrecht

Als Verfassungsrecht wirken sich die Grundrechte mittelbar auf das Arbeitsrecht aus über unbestimmte Rechtsbegriffe und Generalklauseln. Nur Art. 9 Abs. 3 S. 2 GG, wonach die Koalitionsfreiheit einschränkende Abreden unwirksam sind, gilt unmittelbar (Dütz/Thüsing 2017, Rn. 54). In Bezug auf die mittelbare Drittwirkung sind insbesondere Art. 1–6 GG und Art. 12 und 14 GG bedeutsam (vgl. Linck in: Schaub 2017, § 3).

Im Rahmen des Unionsrechts gelten insbesondere die Arbeitnehmerfreizügigkeit nach Art. 45 AEUV und das Verbot der Entgeltdiskriminierung gem. Art. 157 AEUV, wonach beim Arbeitsentgelt nicht in Bezug auf das Geschlecht der ArbeitnehmerInnen unterschieden werden darf, im Arbeitsrecht unmittelbar (Dütz/Thüsing, Rn. 25; zum Entgeltdiskriminierungsverbot vgl. auch BAG 26.9.2017 – 3 AZR 733/15).

1.2.2 Gesetze und Verordnungen

Im Rahmen der Gesetze kann zwischen zwingenden und dispositiven Gesetzesvorschriften unterschieden werden.

Während zwingende Gesetzesvorschriften (vgl. §§ 619 BGB, 12 EntgFG, §§ 4 ff. MuSchG) nicht durch den Arbeitsvertrag geändert werden können, sind dispositive gesetzliche Vorschriften (vgl. § 613 BGB) vertraglich veränderbar (Dütz/Thüsing 2017, Rn. 56 f.). So kann beispielsweise in einem Arbeitsvertrag für SozialarbeiterInnen über Einzelfallhilfe aufgrund § 12 EntgFG nicht vereinbart werden, dass wegen unverschuldeter Arbeitsunfähigkeit ausgefallene Arbeitstage durch ArbeitnehmerInnen nachgeholt werden müssen. Vertraglich kann dagegen abweichend von § 613 BGB in einem solchen Arbeitsvertrag vereinbart werden, dass der Sozialarbeiter für seine Dienste einen Stellvertreter einsetzen kann.

Unter den Voraussetzungen des Art. 80 GG können die Bundesregierung, ein Bundesminister oder die Landesregierungen Rechtsverordnungen erlassen. Ein Beispiel für eine Rechtsverordnung im Arbeitsrecht stellt die Verordnung zur Anpassung der Höhe des Mindestlohns (MiLoV) dar, welche auf Grund § 11 MiLoG erlassen worden ist.

1.2.3 Tarifverträge, Betriebs- und Dienstvereinbarungen, Arbeitsverträge, Betriebliche Übungen und Weisungen

Tarifverträge werden nach § 2 Abs. 1 TVG zwischen Gewerkschaften und Arbeitgebervereinigungen bzw. einzelnen ArbeitgeberInnen geschlossen. Gem. § 1 Abs. 1 TVG beinhaltet ein Tarifvertrag einen schuldrechtlichen Teil und einen normativen Teil. Der schuldrechtliche Teil regelt die Rechte und Pflichten der Vertragsparteien und der normative Teil bestimmt den Inhalt, den Abschluss und die Beendigung von Arbeitsverhältnissen sowie die betrieblichen und betriebsverfassungsrechtliche Fragen (Dütz/Thüsing 2017, Rn. 560a). Nach dem Günstigkeitsprinzip gem. § 4 Abs. 3 TVG sind vom Tarifvertrag abweichende Regelungen zu Gunsten der ArbeitnehmerInnen zulässig.

Eine Fachgewerkschaft für die Soziale Arbeit ist der Deutsche Berufsverband für Soziale Arbeit e.V. – DBSH (www.dbsh.de/gewerkschaft.html). Der Tarifvertrag für den öffentlichen Dienst Sozial- und Erziehungsdienst – TvöD SuE ist ein Beispiel für einen Tarifvertrag in Bezug auf die Soziale Arbeit (vgl. dazu auch Papenheim 2007).

Betriebsvereinbarungen werden von Betriebsräten und Arbeitgebern nach § 77 BetrVG getroffen. Dienstvereinbarungen werden im Öffentlichen Dienst zwischen den Personalräten und den Arbeitgebern vereinbart (vgl. § 74 Abs. 1 HPVG).

Arbeitsverträge nach § 611a BGB können als weitere Rechtsquelle wesentlich den Inhalt des Arbeitsverhältnisses gestalten (Dütz/Thüsing 2017, Rn. 62; vgl. auch Kapitel 2.3). Nach dem Arbeitsvertrag beurteilt sich das Weisungsrecht der ArbeitgeberInnen. Definiert ist das Weisungsrecht in § 106 GewO.

Durch eine betriebliche Übung können ArbeitnehmerInnen zusätzliche Leistungen auf Dauer erhalten. Sie liegt vor, wenn die ArbeitnehmerInnen aus der regelmäßigen Wiederholung bestimmter Verhaltensweisen der ArbeitgeberInnen schließen können, dass eine Leistung oder eine Vergünstigung auf Dauer eingeräumt werden soll (ArbG Hamburg 1.3.2017 – 24 Ca 190/16). Ein dreimalig vorbehaltlos gewährtes Weihnachtsgeld kann beispielsweise als betriebliche Übung einen Anspruch auf künftige Weihnachtsgelder begründen.

1.3 Kirchliches Arbeitsrecht

Für die Caritas als Wohlfahrtsverband der katholischen Kirche arbeiten beruflich ungefähr 620.000 Personen in Deutschland (Caritas 2018). Bei der Diakonie, dem Wohlfahrtsverband der evangelischen Kirche, arbeiten ungefähr 465.000 hauptamtliche MitarbeiterInnen (EKD o. J.). Das kirchliche Arbeitsrecht ist aufgrund der hohen Beschäftigungszahlen daher auch für das Berufsrecht in der Sozialen Arbeit bedeutsam. Im Folgenden werden die Grundlagen des kirchlichen Arbeitsrechts dargestellt.

Nach Art. 140 GG i. V. m. Art. 137 Abs. 3 S. 1 WRV ordnet und verwaltet jede Religionsgesellschaft ihre Angelegenheiten selbständig innerhalb der gesetzlichen Schranken. Dieser Grundsatz gilt auch für ihre karitativen und erzieherischen Einrichtungen, wenn sie einen Teil des kirchlichen Auftrags wahrnehmen und erfüllen (Linck in: Schaub 2017, § 184 Rn. 4). Der allgemeine arbeitsrechtliche Schutz durch die Arbeitsgerichte besteht auch im kirchlichen Arbeitsrecht, wenn nicht in innerkirchlichen Angelegenheiten ausschließlich kirchliches Recht angewandt wird und kein effektiver Rechtsschutz durch kircheneigene Gerichte oder Schlichtungsgremien gewährleistet ist wie zum Beispiel beim kirchlichen Mitarbeitervertretungsrecht(vgl. Linck in Schaub 2017, § 184, Rn. 7).

Die Arbeitsbedingungen für die kirchlichen ArbeitnehmerInnen werden durch arbeitsvertragliche Richtlinien (AVR) bestimmt. Diese Richtlinien können als Allgemeine Geschäftsbedingungen (AGB) vertraglich einbezogen werden, wobei sie der Kontrolle nach §§ 305 ff. BGB unterliegen (vgl. Linck in: Schaub 2017, § 35 Rn 74). Die Erschaffung eines Arbeitsvertragsrechts durch kirchliche Kommissionen statt durch einen Gesetzgebungsakt oder Tarifvertrag wird als „Prinzip des Dritten Weges" bezeichnet (vgl. Linck in: Schaub 2017, 2019 f.). In ihren Einrichtungen werden mit den arbeitsvertraglichen Richtlinien die arbeitsvertraglichen Bedingungen gestaltet.

 **Literatur**

Papenheim, H-G. (2007): Arbeitsrecht für Sozialarbeiter und Sozialarbeiterinnen im kommunalen Dienst. Ein Leitfaden zu TVöD und Arbeitsvertragsrecht, Fachhochschulverlag, Frankfurt am Main

Thiel, A. (2011): Kleines Kompendium zum kirchlichen Arbeitsrecht. Katholische Kirche, Luchterhand, Köln

Anke, H. U., de Wall, H., Heinig, H. M. (Hrsg.) (2016): Handbuch des evangelischen Kirchenrechts, Mohr Siebeck, Tübingen

1.4 Der praktische Fall: Die Einzelfallhelferin

Elisabeth ist eine anerkannte Sozialarbeiterin und auf der Basis eines Vertrages über freie Mitarbeit als Einzelfallhelferin in Bezug auf Aufgaben nach §§ 53, 54 SGB XII beim Sozialverein e. V. tätig. Sie erhält ein Stundenhonorar in Höhe von 18,00 Euro und hat ihre Aufgaben höchstpersönlich zu erfüllen. Sie unterliegt dem Vertrag nach keinen Weisungen in Bezug auf die Gestaltung ihrer Tätigkeit. Einmal im Monat hat sie an der Teambesprechung teilzunehmen. Sie arbeitet acht Stunden pro Woche und kann einen Raum für freie MitarbeiterInnen bei Bedarf nutzen.

1. Liegt ein Arbeitsvertrag oder ein freier Dienstvertrag vor?
2. Inwiefern ist es bedeutsam, ob ein Arbeitsvertrag oder ein freier Dienstvertrag vorliegt?
3. Ändert sich an der Beurteilung des Sachverhalts etwas, wenn entgegen der vertraglichen Vereinbarung Elisabeth Weisungen erhalten würde und täglich in den Räumen des Vereins anwesend sein müsste?
4. Elisabeth hat in den letzten drei Jahren jeweils Weihnachtsgeld von dem Verein bekommen. Wovon hängt es ab, dass sie in den nächsten Jahren einen Anspruch auf das Weihnachtsgeld hat?
5. Elisabeth hat einen Arbeitsvertrag abgeschlossen. Der Sozialverein ist eine Einrichtung der Caritas, welcher Bezug nimmt auf die Richtlinien für Arbeitsverträge in Einrichtungen des Deutschen Caritasverbandes. Elisabeth ist mit den Richtlinien nicht einverstanden. Können die Richtlinien einer AGB-Kontrolle unterzogen werden?

2 Die Begründung des Arbeitsverhältnisses

Aus der Sicht der ArbeitnehmerInnen setzt die Begründung des Arbeitsverhältnisses eine Stellensuche voraus. Bei erfolgreicher Suche kommt es anschließend zu einem Vertragsschluss. Vor dem Vertragsschluss muss geprüft werden, ob der Vertragsinhalt für die ArbeitnehmerInnen annehmbar ist.

2.1 Anbahnung des Arbeitsverhältnisses

Für das Suchen einer freien Stelle nach einer Kündigung besteht gegen die ArbeitgeberInnen ein Anspruch auf Freizeit zur Stellungssuche gem. § 629 BGB. Aus der Sicht der ArbeitnehmerInnen besteht eine Möglichkeit zur Anbahnung eines Arbeitsverhältnisses im Lesen von Stellenanzeigen. Sowohl für die Beurteilung von Stellenanzeigen also auch für die Einschätzung von Fragen im Vorstellungsgespräch und anschließenden Absagen ist das Allgemeine Gleichbehandlungsgesetz (AGG) bedeutsam.

Allgemeines Gleichbehandlungsgesetz (AGG)

Übersicht 3

1. Benachteiligungsverbot nach § 7 Abs. 1
1.1 Schutzbereich
    1.1.1 persönlich: Beschäftigte (§ 6 Abs. 1)
    1.1.2 sachlich: Diskriminierungen i. S. v. § 1 u. a. in arbeitsrechtlichen Kontexten gem. § 2 Abs. 1 Nr. 1, 2
1.2 Eingriff
1.3 Rechtfertigung: Zulässige unterschiedliche Behandlung wegen
    1.3.1 des Alters (§ 10)
    1.3.2 der Religion oder Weltanschauung (§ 9)
    1.3.3 beruflicher Anforderungen (§ 8)
    1.3.4 positiver Maßnahmen (§ 5)

2. Rechtsfolge bei Verstoß gegen § 7 Abs. 1
2.1 Entschädigung und Schadenersatz nach § 15
2.2 Unwirksamkeit von Verträgen nach §§ 134 BGB, 7 Abs. 2 AGG
2.3 Verletzung einer Vertragspflicht gem. § 7 Abs. 3

2.1.1 Stellenanzeige

Eine Stellenanzeige beinhaltet eine Aufforderung von ArbeitgeberInnen zur Bewerbung auf eine Beschäftigungsmöglichkeit (Schaub/Koch 2018, 617). Nach § 11 AGG darf eine Stellenanzeige nicht gegen das Benachteiligungsverbot gem. § 7 Abs. 1 AGG verstoßen. Wenn die Ausschreibung gegen dieses Verbot verstößt, wird gem. § 22 AGG vermutet, dass die ArbeitgeberInnen gegen das Benachteiligungsverbot bei der Personenauswahl verstoßen haben. Die ArbeitgeberInnen müssen dann Tatsachen vortragen, welche diese Vermutung widerlegen. Wenn solche Tatsachen nicht vorgetragen werden, kann dies zu einem Entschädigungsanspruch der BewerberInnen gegen die ArbeitgeberInnen führen (LAG Hessen 15.6.2015 – SA 1619/14).

Wenn beispielsweise mit einer Stellenanzeige ein junger Sozialarbeiter für ein Frauenhaus mit Lichtbild gesucht wird, kann die Anzeige gegen das Benachteiligungsverbot wegen Benachteiligungen aus Gründen des Alters, des Geschlechtes und der ethnischen Herkunft im Sinne von § 1 AGG verstoßen.

Der Verstoß aus Gründen der ethnischen Herkunft kann sich aus der Anforderung des Lichtbilds ergeben. Demnach liegt eine Vermutung nach § 22 AGG vor. Diese Vermutung kann widerlegt werden, wenn Tatsachen vorgebracht werden, aus denen hervorgeht, dass eine unerlaubte Diskriminierung nicht vorlag.

In Bezug auf das Alter und die ethnische Herkunft kann dies widerlegt werden, wenn das Bewerbungsverfahren dokumentiert worden ist und aus der Dokumentation hervorgeht, dass BewerberInnen jeden Alters und jeder ethnischer Herkunft eingeladen worden sind und die am besten qualifizierten BewerberInnen ausgewählt worden sind.

Bezüglich des Geschlechts kann die Vermutung einer Benachteiligung widerlegt werden, wenn nachgewiesen werden kann, dass bisher nur Frauen im Frauenhaus arbeiten aufgrund der Gewalterfahrungen der Nutzerinnen durch Männer und dass nun ein Mann als positives Vorbild zur Betreuung der Kinder der Frauen eingestellt werden soll. Dann ist diese Diskriminierung gem. §8 Abs.1 AGG gerechtfertigt. Wenn dagegen die Nachweise nicht gelingen, kommt gem. §15 Abs.2 AGG ein Anspruch auf Entschädigung in Betracht.

2.1.2 Vorstellungsgespräch

Im Rahmen der Stellensuche bzw. im Rahmen eines Stellenbesetzungsverfahrens findet in der Regel ein Vorstellungsgespräch statt. Im Rahmen dieses Vorstellungsgespräches können sich ArbeitgeberInnen und BewerberInnen jeweils übereinander informieren durch gegenseitiges Fragen. Aus der Bewerbungsperspektive stellt sich dabei die Frage, ob auf sämtliche Fragen der ArbeitgeberInnen wahrheitsgemäß geantwortet werden muss.

In Bezug auf die wahrheitsgemäße Beantwortung der Fragen ist zwischen dem Interesse der ArbeitgeberInnen an einer bestmöglichen Stellenbesetzung und dem Interesse der BewerberInnen an der Wahrung ihres Persönlichkeitsrechts abzuwägen. Unter dem Persönlichkeitsrecht wird dabei die Freiheit der BewerberInnen verstanden, zu entscheiden, was sie von sich preisgeben möchten und was nicht. Zwar kann niemand zu einer Antwort gezwungen werden, jedoch beinhaltet auch ein Schweigen auf eine Frage eine Aussage.

Deswegen wird in diesem Zusammenhang zwischen erlaubten und unerlaubten Fragen unterschieden. Während die BewerberInnen auf erlaubte bzw. zulässige Fragen wahrheitsgemäß antworten müssen, dürfen sie bei unzulässigen Fragen lügen. Wenn BewerberInnen auf zulässige Fragen wahrheitswidrig antworten, kann bei Zustandekommen eines Arbeitsvertrages ein Anfechtungsrecht der ArbeitgeberInnen gem. §§ 119, 123 BGB entstehen. Die wahrheitswidrige Beantwortung von unerlaubten Fragen der ArbeitgeberInnen hat für die BewerberInnen dagegen keine Konsequenzen (Schaub/Koch 2018, 359).

Fraglich ist, wann es sich bei einem Vorstellungsgespräch für eine Stelle in der Sozialen Arbeit um eine erlaubte Frage handelt, bei der wahrheitsgemäß geantwortet werden muss, und wann es sich um eine unerlaubte Frage handelt, bei der wahrheitswidrig geantwortet werden darf. Ausschließlich tätigkeitsbezogene Fragen sind zulässig. Wenn die Frage nicht tätigkeitsbezogen ist und gegen das allgemeine Persönlichkeitsrecht nach Art. 1 Abs. 1 GG i.V.m. Art. 2 Abs. 1 GG verstößt und/oder gegen die Vorschriften des Allgemeinen Gleichbehandlungsgesetzes, ist sie unzulässig (Schaub/Koch aaO.).

So sind auf die Stelle bezogene Wissensfragen und Fragen nach der Berufserfahrung als SozialarbeiterIn als tätigkeitsbezogene Fragen zulässig. Die Frage nach einer Schwangerschaft ist dagegen aufgrund einer Benachteiligung des Geschlechts im Sinne von §1 AGG stets unzulässig (Schaub/Koch 2018, 360) genauso wie die Frage nach der sexuellen Orientierung. Problematisch ist, ob die Frage nach der sexuellen Orientierung einer SozialarbeiterIn ausnahmsweise nach §9 AGG gerechtfertigt sein kann. Dagegen spricht, dass nach §9 AGG nur Benachteiligungen wegen der Religion oder Weltanschauung gerechtfertigt werden können, nicht aber unterschiedliche Behandlungen wegen der sexuellen Orientierung (Birk 2012, 120). Somit können zwar kirchliche Einrichtungen eine Frage nach der Religionszugehörigkeit im Vorstellungsgespräch aufgrund §9 AGG stellen, eine Frage in Bezug auf die sexuelle Orientierung jedoch nicht. SozialarbeiterInnen dürfen daher nach der hier vertretenen Auffassung bei einer solchen Frage lügen. Eine unterschiedliche Behandlung wegen der Religion ist gem. §9 Abs. 1 Abt. 2 AGG nur zulässig, wenn die Religion nach der Art der Tätigkeiten oder den Umständen ihrer Ausübung eine wesentliche, rechtmäßige und gerechtfertigte berufliche Anforderung angesichts des Ethos der Religionsgemeinschaft bzw. Einrichtung darstellt (BAG 25.10.2018-8 AZ R 501/14).

2.1.3 Absagen und Aufwendungsersatz

ArbeitgeberInnen dürfen BewerberInnen mangels anderweitiger Regelung ohne Begründung absagen. Wenn eine Absage eine Begründung enthält, kann die Formulierung der Begründung Indizien im Sinne von §22 AGG enthalten für eine Diskriminierung nach dem Allgemeinen Gleichbehandlungsgesetz. Die Formulierung *„Sehr geehrter Herr …, leider müssen wir Ihnen absagen, da wir uns für eine Sozialarbeiterin entschieden haben."* kann ein solches Indiz enthalten.

Ein Anspruch auf Aufwendungsersatz der BewerberInnen kann

sich aus § 670 BGB ergeben. Nach dieser Vorschrift werden den Beauftragten Aufwendungen ersetzt, die sie für die Ausführung des Auftrags den Umständen nach für erforderlich halten durften. Die Einladung zu einem Vorstellungsgespräch kann im Gegensatz zu einer Stellenanzeige als ein Angebot für einen Auftrag des Arbeitgebers im Sinne von § 662 BGB gewertet werden. Mit der Annahme der Einladung nimmt die BewerberIn den Auftrag an. Sie kann daher diejenigen Ausgaben ersetzt verlangen, die sie im Zusammenhang mit der Einladung getätigt hat, sofern sie diese für erforderlich halten durfte. Für erforderlich halten dürfen BewerberInnen keine Vorstellungskosten, wenn die ArbeitgeberInnen diese zuvor ausgeschlossen haben. Wenn dies nicht der Fall ist, können notwendige Fahrt- und Übernachtungskosten für erforderlich gehalten werden (Schaub/Koch 2018, 711).

2.2 Vertragsschluss

Die Rechte und Pflichten in einem Arbeitsverhältnis werden durch einen wirksamen Vertragsschluss begründet. Im Folgenden werden die Merkmale eines wirksamen Vertragsschlusses erörtert.

2.2.1 Vertragsfreiheit

Die Vertragsfreiheit ist durch die Handlungsfreiheit nach Art. 2 Abs. 1 GG verfassungsrechtlich geschützt. Neben einer durch Gesetze beschränkten Freiheit des Vertragsinhalts beinhaltet die Vertragsfreiheit im Arbeitsrecht, dass ArbeitgeberIn und ArbeitnehmerIn jeweils entscheiden können, ob und mit wem sie einen Arbeitsvertrag eingehen wollen.

Auch bei einem Verstoß gegen das Allgemeine Gleichbehandlungsgesetz durch ArbeitgeberInnen liegt gem. § 15 Abs. 6 kein Anspruch auf eine Einstellung vor. Ein Anspruch auf Einstellung kann sich dagegen im Öffentlichen Dienst aus Art. 33 Abs. 2 GG ergeben, wenn eine ermessensfehlerfreie Einstellung nur bei einer BewerberIn möglich ist (Dütz/Thüsing 2017, Rn. 99). Unter diesen Voraussetzungen kann zum Beispiel ein Bewerber eine Einstellung als Sozialarbeiter bei einem kommunalen Arbeitgeber im Rahmen eines TVÖD-Vertrages verlangen (vgl. LAG Hessen 23.4.2010 – 19/3 Sa47/09).

Weitere gesetzliche Einstellungs- bzw. Wiedereinstellungs- und Weiterbeschäftigungsansprüche können sich ergeben aus §§ 91 Abs. 6 SGB XI; 2 Abs. 5 ArbplschG und 78a Abs. 2 BetrVG (Dütz/Thüsing 2017, Rn. 100 f.).

2.2.2 Angebot und Annahme

Ein Arbeitsvertrag setzt ein Angebot und eine Annahme voraus (vgl. §§ 145 ff. BGB). Ein Angebot beinhaltet eine Willenserklärung, welche mit dem Zugang gem. § 130 BGB wirksam wird (Palandt 2014, § 145 BGB Rn. 1). Eine Annahme setzt ebenfalls eine empfangsbedürftige Willenserklärung voraus (Palandt 2014, § 147 BGB Rn. 1). Eine Willenserklärung äußert einen Willen, der auf die Erzielung einer Rechtsfolge gerichtet ist (Palandt 2014, Einf v § 116 BGB Rn. 1).

Eine Stellenanzeige stellt kein Angebot des Arbeitgebers dar, weil der Arbeitgeber durch die Anzeige selbst noch nicht den Abschluss eines bestimmten Arbeitsvertrages erzielen will.

Eine Willensäußerung kann auch durch schlüssiges Verhalten entstehen. Wenn die Leiterin eines Jugendhauses eine Sozialarbeiterin fragt, ob diese im Jugendhaus ab dem nächsten Monat arbeiten will und die Sozialarbeiterin mit Wissen der Leiterin ohne weitere Absprachen ab dem nächsten Monat zu arbeiten beginnt, liegt ein Arbeitsvertrag vor, auch wenn über eine Vergütung nicht gesprochen wurde. Die Vergütung beurteilt sich dann gem. § 612 Abs. 2 BGB nach der in diesen Fällen üblichen Vergütung.

Gesetzliche Abschlussverbote, wie zum Beispiel das Beschäftigungsverbot von Kindern, verhindern das Zustandekommen eines Arbeitsvertrages (vgl. § 5 JArbSchG i. V. m. § 134 BGB). Öffentlich-rechtliche Beschäftigungsverbote wirken sich dagegen nicht auf die Wirksamkeit eines Arbeitsvertrages aus (Dütz/Thüsing 2017, Rn. 106). Ein solches Beschäftigungsverbot stellt § 72a SGB VIII dar. Nach dieser Vorschrift dürfen Träger der öffentlichen Jugendhilfe für die Kinder- und Jugendhilfe keine Personen beschäftigen, welche wegen bestimmter Straftaten, z. B. Sexualstraftaten, verurteilt worden sind. Wenn also beispielsweise ein Sozialarbeiter, der rechtskräftig wegen sexuellen Missbrauchs von Schutzbefohlenen nach § 174 StGB verurteilt worden ist, von einem Jugendamt eingestellt wird, dann ist dieser Arbeitsvertrag nicht nach § 134 BGB unwirksam.

2.2.3 Form

Arbeitsverträge bedürfen zu ihrer Wirksamkeit in der Regel keiner besonderen Form, so dass eine Unwirksamkeit des Arbeitsvertrages nach § 125 BGB bei Nichteinhalten der Form nicht in Betracht kommt. Formerfordernisse nach einem Tarifvertrag, z. B. nach § 2 Abs. 1 TVöD, nach § 2 NachweisG oder nach § 11 BBiG haben keine konstitutive Bedeutung bzw. sind keine Voraussetzungen für die Wirksamkeit eines Arbeitsvertrages. Sie dienen ArbeitnehmerInnen zur Beweiserleichterung in Bezug auf die Arbeitsbedingungen. Wenn die schriftliche Nachweispflicht nach § 2 NachweisG bzw. § 11 BBiG nicht beachtet wird, kann dies einen Schadensersatzanspruch der ArbeitnehmerInnen nach § 280 Abs. 1 BGB auslösen (Dütz/Thüsing 2017, Rn. 111).

Wenn eine Sozialarbeiterin sich mündlich mit einem freien Träger über einen Arbeitsvertrag einigt und nach über einem Monat nach dem vereinbarten Arbeitsvertragsbeginn entgegen § 2 Abs. 1 NachweisG noch keinen schriftlichen Arbeitsvertrag über die in der Vorschrift genannten Punkte bekommen hat, dann ist bzw. wird dieser Arbeitsvertrag nicht unwirksam. Allerdings kann sich aus § 280 Abs. 1 BGB ein Schadensersatzanspruch der Sozialarbeiterin ergeben, wenn ihr durch die Nichtaufzeichnung des Vertrages ein Schaden entstanden ist.

2.3 Inhalt des Arbeitsvertrages

Nach dem Inhalt des Arbeitsvertrages beurteilen sich die Rechte und Pflichten im künftigen Arbeitsverhältnis. Im Folgenden werden nach einer Übersicht die wesentlichen und möglichen sonstigen Inhalte eines Arbeitsvertrages allgemein dargestellt. Die Arbeitszeit wird als für die Soziale Arbeit besonders bedeutsamer Punkt gesondert erörtert.

Inhalt eines Arbeitsvertrages

1. Wesentlicher Inhalt (vgl. § 2 Abs. 1 NachweisG)
1.1 Name und Anschrift der Vertragsparteien
1.2 Beginn und ggfs. Ende des Arbeitsverhältnisses
   (vgl. §§ 14–23 TzBfG)

1.3 Arbeitsort bzw. Arbeitsorte
1.4 vom Arbeitnehmer zu leistende Tätigkeit
1.5 Arbeitsentgelt und Fälligkeit
1.6 Arbeitszeit (vgl. ArbZG, §§ 1–13, 22–23 TzBfG)
1.7 Urlaub (vgl. BUrlG)
1.8 Kündigungsfristen (vgl. § 622 BGB)
1.9 ggfs. Tarifvertrag, Betriebs- o. Dienstvereinbarung

2. Sonstiger möglicher Inhalt, z. B.
2.1 Probezeit (vgl. § 622 Abs. 3 BGB)
2.2 Nebentätigkeit
2.3 Urheberrecht
2.4 Ausschlussfrist
2.5 Einwilligung zur Datenverwaltung
2.6 Salvatorische Klausel

2.3.1 Wesentlicher Inhalt eines Arbeitsvertrages

Als wesentlicher Inhalt eines Arbeitsvertrages werden in diesem Zusammenhang Vertragspunkte verstanden, welche von der Nachweispflicht gem. § 2 Abs. 1 NachweisG erfasst sind. Für das Zustandekommen eines Arbeitsvertrages an sich ist die Vereinbarung sämtlicher von der Nachweispflicht erfasster Vertragspunkte nicht erforderlich. Vielmehr dient die Fixierung der Vertragsbedingungen der Beweiserleichterung für den Arbeitnehmer (vgl. Kap 2.2.3). Für das Zustandekommen eines Arbeitsvertrages ist aufgrund § 612 Abs. 2 BGB lediglich erforderlich, dass sich zwei Vertragspartnerinnen darüber einig sind, dass an einem bestimmten Arbeitsort eine bestimmte Tätigkeit als Arbeitnehmer für einen Arbeitgeber ausgeführt wird (vgl. Kap. 2.2.2).

2.3.2 Arbeitszeit

Das Arbeitszeitgesetz beinhaltet Mindestanforderungen in Bezug auf die Arbeitszeit, welche einzelvertraglich nicht umgangen werden dürfen. Unter Arbeitszeit wird in der Regel die Zeit der Arbeit ohne Ruhepausen verstanden (§ 2 Abs. 1 S. 1 ArbZG). Nach § 3 ArbZG darf die werktägliche Arbeitszeit acht Stunden, also 48 Stunden in der Woche nicht überschreiten, wobei sie auf zehn

Stunden pro Tag und 60 Stunden pro Woche ausgedehnt werden kann, wenn ein Ausgleich so erfolgt, dass acht Stunden täglich im Durchschnitt innerhalb von 24 Wochen oder sechs Kalendermonaten nicht überschritten werden.

Gem. §4 ArbZG müssen bei einer Arbeitszeit von mehr als sechs Stunden eine Ruhepause von mindestens 30 Minuten zuvor eingeplant worden sein, bei einer Arbeitszeit von mehr als neun Stunden eine Ruhepause von mindestens 45 Minuten. Zwischen zwei täglichen Arbeitszeiten muss der Arbeitnehmer gem. §5 Abs.1 ArbZG mindestens eine Ruhezeit von ununterbrochen elf Stunden haben. Unter den Voraussetzungen der Abs.2 und 3 des §5 ArbZG kann in Einrichtungen zur Betreuung von Personen die Dauer der Ruhezeit herabgesetzt werden. Die für die Soziale Arbeit insbesondere in Wohngruppen relevante Nacht- und Schichtarbeit wird in §6 ArbZG geregelt und die bedeutsame Sonn- und Feiertagsbeschäftigung in §§10ff. ArbZG.

Für die Soziale Arbeit in Wohngruppen ist ebenfalls insbesondere bedeutsam, dass gem. §§7, 12 ArbzG tarifvertraglich Änderungen zu den genannten Regelungen zugelassen werden können. So kann beispielsweise nach §7 Abs.1 Nr.1a) abweichend von §3 ArbZG die Arbeitszeit über zehn Stunden werktäglich verlängert werden, wenn die Arbeitszeit regelmäßig und in erheblichem Umfang Arbeitsbereitschaft oder Bereitschaftsdienst beinhaltet. Während Arbeitsbereitschaft und Bereitschaftsdienst zur Arbeitszeit generell zählen, fällt in der Rufbereitschaft nur die tatsächlich geleistete Arbeit unter die Arbeitszeit. Unter der Arbeitsbereitschaft wird die Bereitschaft zur bzw. Aufmerksamkeit für die Arbeit verstanden, auch wenn keine tatsächliche Arbeit anfällt, wie zum Beispiel die Arbeit an der Pforte, wenn niemand herein oder heraus geht. Beim Bereitschaftsdienst befinden sich die ArbeitnehmerInnen unmittelbar am Arbeitsplatz, z.B. nachts in der Wohngruppe als Sozialarbeiterin, auch wenn keine tatsächliche Arbeit anfällt. Eine Sozialarbeiterin kann dann bei einer tatsächlichen Arbeitserfordernis, z.B. Streit in der Wohngruppe, tätig werden. Bei der Rufbereitschaft dagegen befinden sich die ArbeitnehmerInnen nicht am Arbeitsplatz, sondern halten sich an einem frei gewählten Ort auf, von dem der Arbeitsplatz leicht erreichbar ist. Dadurch können sie bei einem Arbeitsanfall sofort zur Arbeitsstätte kommen (Dütz/Thüsing 2017, Rn.142).

2.3.3 Sonstiger möglicher Vertragsinhalt

Aufgrund der Vertragsfreiheit können je nach Bedarf weitere Regelungen zu den nach dem Nachweisgesetz aufzeichnungspflichtigen Regelungen hinzugenommen werden. Die in der Übersicht genannten Punkte, welche in einem Arbeitsvertrag geregelt werden können, stellen eine exemplarische Auswahl dar.

Literatur

Degener, T., Dern, S., Dieball, H., Frings, D., Oberlies, D., Zinsmeister, J. (2008): Antidiskriminierungsrecht. Handbuch für Lehre und Beratungspraxis. Mit Lösungsbeispielen für typische Fallgestaltungen. Fachhochschulverlag, Frankfurt am Main

2.4 Der praktische Fall: Fragen und Lügen

Der 50-jährige anerkannte Sozialarbeiter Simon aus Wolfsburg will in seine Heimatstadt Hamburg zurückkehren. Als eine Stelle in der Stadt Hamburg für eine Jugendamtsleitung ausgeschrieben wird, bewirbt er sich auf diese Stelle, obwohl in der Anzeige ausschließlich eine Sozialarbeiterin gesucht wird. Er wird zum Vorstellungsgespräch eingeladen. Beim Gespräch wird er unter anderem gefragt, ob er einer Kirche angehöre, wie hoch sein letztes Einkommen gewesen sei, ob er schwul sei, ob er bei der Stasi gewesen sei und wie viele Jahre Berufserfahrung er als Sozialarbeiter habe. Bei sämtlichen Fragen lügt Simon. Die Kirchenzugehörigkeit verneint er, obwohl er der evangelischen Kirche angehört. Er gibt wahrheitswidrig an, homosexuell zu sein. Seine Tätigkeit als Informeller Mitarbeiter der Stasi verschweigt er. Zudem gibt er eine 20-jährige Berufstätigkeit als Sozialarbeiter in einer Jugendeinrichtung an, obwohl er dort 20 Jahre ausschließlich als Hausmeister tätig war. Auf sein letztes Gehalt schlägt er schließlich 1.500,00 Euro auf.

1. Wie ist die Rechtslage, wenn Simon die Stelle bekommt?
2. Wie ist die Rechtslage, wenn er die Stelle nicht bekommt?

3 Arbeitsverhältnis, Rechte und Pflichten

Nach der Begründung des Arbeitsverhältnisses sind für dessen Durchführung die daraus entstehenden Rechte und Pflichten entscheidend. Aus den Pflichten der einen Vertragspartei folgen grundsätzlich dabei die Rechte der anderen Vertragspartei. Im Folgenden werden nach einer Übersicht die Hauptpflichten und die beiden bedeutsamen Nebenpflichten, die Fürsorgepflichten der ArbeitgeberInnen und die Treuepflichten der ArbeitnehmerInnen, erörtert. Im Rahmen der Fürsorgepflichten wird die Fallgruppe Mobbing erörtert, im Rahmen der Treuepflichten die Fallgruppe Whistle Blowing.

Rechte und Pflichten aus dem Arbeitsverhältnis

1. Rechte und Pflichten der ArbeitnehmerInnen
1.1 Rechte des ArbeitnehmerInnen
    1.1.1 Vergütung, Entgeltfortzahlung
    1.1.2 Urlaub
    1.1.3 Arbeitsschutz
    1.1.4 Mutterschutz
    1.1.5 Elternzeit
1.2 Pflichten der ArbeitnehmerInnen
    1.2.1 Arbeitsleistung
    1.2.2 Treuepflicht

2. Rechte und Pflichten der ArbeitgeberInnen
2.1 Rechte des ArbeitgeberInnen
    2.1.1 Arbeitsleistung
    2.1.2 Direktionsrecht
2.2 Pflichten der ArbeitgeberInnen
    2.2.1 Zahlung des Arbeitsentgelts
    2.2.2 Fürsorgepflicht

3.1 Hauptpflichten

Nach § 611a Abs. 1 S. 1 BGB werden die ArbeitnehmerInnen durch den Arbeitsvertrag zur Arbeitsleistung, d.h. zur Leistung weisungsgebundener fremdbestimmter Arbeit in persönlicher Abhängigkeit, verpflichtet. Gem. § 611a Abs. 2 BGB werden die ArbeitgeberInnen zur Zahlung der vereinbarten Vergütung verpflichtet. Die Pflichten zur Arbeitsleistung und zur Vergütung werden als Hauptpflichten verstanden. Beide Pflichten sind voneinander abhängig und stehen in einem Gegenseitigkeits- bzw. Abhängigkeitsverhältnis zueinander (vgl. § 326 BGB und Kap. 3.1.3).

3.1.1 Arbeitsleistung im Rahmen des Weisungsrechts

Nach § 611a Abs. 1 S. 2 BGB kann sich das Weisungsrecht auf Inhalt, Durchführung, Zeit und Ort der Tätigkeit beziehen In § 106 GewO wird das Weisungsrecht als Bestimmungsrecht der ArbeitgeberInnen definiert. Der Vorschrift zufolge dürfen ArbeitgeberInnen Inhalt, Ort und Zeit der Arbeitsleistung einschließlich des Verhaltens im Betrieb und einschließlich der inneren Betriebsordnung nach billigem Ermessen näher bestimmen, soweit dies mit vertraglichen und gesetzlichen Bestimmungen vereinbar ist.

Nach § 315 Abs. 3 BGB sind Entscheidungen nach billigem Ermessen nur verbindlich, wenn sie der Billigkeit entsprechen. Nicht der Billigkeit entsprechende oder verzögerte Bestimmungen werden nach dieser Vorschrift in einem gerichtlichen Verfahren durch Urteile ersetzt. Billigem Ermessen entspricht eine Weisung, wenn die ArbeitgeberInnen sowohl ihre eigenen Interessen als auch die Interessen der ArbeitnehmerInnen angemessen berücksichtigen (Dütz/Thüsing 2017, Rn. 63). Unbillige Weisungen bzw. Weisungen, welche nicht mit dem Arbeitsvertrag oder gesetzlichen Regelungen, wie z. B. nicht mit dem Grundgesetz, dem Allgemeinen Gleichbehandlungsgesetz oder dem Arbeitszeitgesetz vereinbar sind, sind nicht verbindlich.

So kann z. B. die Weisung an eine Schulsozialarbeiterin, das aus religiösen Gründen getragene Kopftuch abzulegen an einer öffentlichen Schule, wegen Verstoßes gegen die Glaubens- und Religionsausübungsfreiheit nach Art. 4 Abs. 1, 2 GG rechtswidrig und damit unverbindlich sein(vgl. BVerfG 18.10.2016 – 1 BvR 354/11-, zum Kopftuchverbot für Erzieherinnen in Kindertagesstätten).

3.1.2 Vergütung

Das Arbeitsentgelt bzw. die Bestandteile des Arbeitsentgelts wie Zuschläge, Zulagen, Prämien oder Sonderzahlungen, können aufgrund der Vertragsfreiheit grundsätzlich frei vereinbart werden. Eingeschränkt wird diese Vertragsfreiheit durch das Mindestlohngesetz (MiLoG) und ggfs. durch Tarifverträge. Wenn das Arbeitsentgelt nicht gesondert vereinbart worden ist, wird gem. § 612 Abs. 2 BGB die übliche Vergütung als vereinbart angesehen.

Nach § 1 Abs. 1 MiLoG haben alle ArbeitnehmerInnen einen Anspruch auf einen Mindestlohn gegen die ArbeitgeberInnen. Nach § 1 Abs. 2 MiLoG i.V.m. § 1 MiLoV beträgt der Mindestlohn seit dem 01.01.2017 8,84 Euro pro Stunde. Der tarifvertragliche Einstiegslohn für anerkannte SozialarbeiterInnen im öffentlichen Dienst beträgt nach dem TVöD-SuE 2018, S 11b, Stufe 1, 2.994,79 Euro.

3.1.3 Leistungsstörungen

Wenn ArbeitnehmerInnen nicht ihre Pflichten zur Arbeitsleistung und ArbeitgeberInnen nicht ihre Pflichten zur Zahlung des Arbeitsentgelts bzw. der Vergütung erfüllen und somit jeweils Leistungsstörungen vorliegen, ist fraglich, welche rechtlichen Folgen die jeweiligen Verhaltensweisen nach sich ziehen. In der folgenden Übersicht werden die Rechtsfolgen verschiedener Leistungsstörungen dargestellt:

Leistungsstörungen in Bezug auf die Hauptpflichten im Arbeitsverhältnis und ihre Rechtsfolgen

Übersicht 6

1. Rechtsfolgen bei Leistungsstörungen durch Arbeitnehmer
1.1 Nichtleistung
    1.1.1 Entschädigung (§ 61 Abs. 2 S. 1 ArbGG)
    1.1.2 Untergang: Vergütungspflicht (§ 326 Abs. 1 BGB)
    1.1.3 Schadensersatz (§§ 280 Abs. 1, 3; 283 BGB)
1.2 Schlechtleistung
    1.2.1 kein Verlust des Entgeltanspruchs
    1.2.2 Schadensersatz (§ 280 Abs. 1 BGB; §§ 823 ff. BGB)

2. Nicht-/Teilzahlung der Vergütung durch Arbeitgeber
  2.2.1 Anspruch auf Lohnzahlung (§ 611a Abs. 2 BGB / §§ 280 Abs. 1, 3; 281 BGB)
  2.2.2 Verzugsschaden (§§ 280 Abs. 1, 2; 286 BGB)
  2.2.3 Zurückbehaltungsrecht (§ 320 BGB bzw. § 273 BGB)

3.2 Die Fürsorgepflichten

3.2.1 Begriff

Ein Arbeitsvertrag beinhaltet ein Schuldverhältnis. Nach § 241 Abs. 2 BGB kann ein Schuldverhältnis die VertragspartnerInnen zur Rücksichtnahme auf Rechte, Rechtsgüter und Interessen der anderen VertragspartnerInnen verpflichten. Für die ArbeitgeberInnen und die ArbeitnehmerInnen werden im Rahmen eines Arbeitsvertrages daraus Nebenpflichten hergeleitet. Für die ArbeitgeberInnen werden die Nebenpflichten auch als Fürsorgepflichten bezeichnet.

Im Rahmen der Fürsorgepflichten haben die ArbeitgeberInnen verfassungsrechtlich geschützte Rechte der ArbeitnehmerInnen, wie das allgemeine Persönlichkeitsrecht nach Art. 1 Abs. 1, 2 Abs. 1 GG und die Glaubens-, Gewissens- und Religionsausübungsfreiheit nach Art. 4 Abs. 1, 2 GG, zu wahren. Die Fürsorgepflichten umfassen zudem die gesetzlichen Pflichten zu Schutzmaßnahmen nach §§ 617, 618 BGB und zur Einhaltung sozialversicherungsrechtlicher Vorschriften (Schaub/Koch 2018, 362 ff.), wobei die Nichteinhaltung der sozialversicherungsrechtlichen Vorschriften nach § 266a StGB strafbar sein kann.

Aus dem allgemeinen Persönlichkeitsrecht lässt sich eine Beschäftigungspflicht der ArbeitgeberInnen ableiten, welche auch nach einer ordentlichen Kündigung besteht, sofern nicht schutzwürdige Interessen der ArbeitgeberInnen überwiegen (Schaub/Koch 2018, 178 f.). Auch haben die ArbeitgeberInnen aufgrund §§ 311 Abs. 2, 241 Abs. 2 BGB vorvertragliche Aufklärungspflichten, wie z. B. über die Vergütung gefährdende Zahlungsschwierigkeiten (Schaub/Koch 2018, 712 f.).

3.2.2 Fallgruppe Mobbing

Überdurchschnittlich viele Menschen in Sozialen Berufen sind von Mobbing betroffen (DBSH 2002). Unter Mobbing werden zielgerichtete erniedrigende, die Würde der ArbeitnehmerInnen verletzende Verhaltensweisen von Vorgesetzten und/oder KollegInnen verstanden (Schaub/Koch 2018, 499). Die nebenvertragliche Pflicht der ArbeitgeberInnen aus § 241 Abs. 2 BGB umfasst im Rahmen der Fallgruppe Mobbing, ArbeitnehmerInnen

> „vor Gesundheitsgefahren, auch psychischer Art, zu schützen und sie keinen Verhaltensweisen auszusetzen, die bezwecken oder bewirken, dass ihre Würde verletzt und ein von Einschüchterungen, Anfeindungen, Erniedrigungen, Entwürdigungen oder Beleidigungen gekennzeichnetes Umfeld geschaffen wird" (BAG 15.9.2016 – 8 AZR 351/15 – zur Arbeit in einer Werkstatt mit Menschen mit Behinderung).

3.2.3 Ansprüche bei Verletzung der Fürsorgepflicht

Bei Verletzung der Fürsorgepflicht durch die ArbeitgeberInnen steht den ArbeitnehmerInnen ein Zurückbehaltungsrecht in Bezug auf ihre Arbeitskraft nach § 273 Abs. 1 BGB zu (Schaub/Koch 2018, 365, 744 f.). Wenn also zum Beispiel ein Gefängnis nicht hinreichend Schutzvorrichtungen für die dort arbeitenden SozialarbeiterInnen zur Verfügung stellt, können die SozialarbeiterInnen ihre Arbeitsleistungen solange verweigern, bis die Gefängnisleitung ausreichend Schutzvorrichtungen zur Verfügung stellt.

Außerdem besteht bei nach § 276 BGB verschuldeter Verletzung der Fürsorgepflicht ein Anspruch auf Schadensersatz gem. § 280 Abs. 1 BGB. Das Verschulden von MitarbeiterInnen, welche Erfüllungsgehilfen der ArbeitgeberInnen sind, kann den ArbeitgeberInnen gem. § 278 BGB zugerechnet werden. Der Umfang des Schadensersatzes beurteilt sich schließlich nach § §§ 249 ff. BGB, wobei gem. § 253 Abs. 2 BGB auch immaterielle Schäden ersetzt werden (Schaub/Koch 2018, 365).

40 Arbeitsverhältnis, Rechte und Pflichten

3.3 Die Treuepflichten

3.3.1 Begriff

Die Nebenpflichten der ArbeitnehmerInnen aus § 241 Abs. 2 BGB werden Treuepflichten genannt (Schaub/Koch 2018, 651). Was für eine Nebenpflicht besteht, richtet sich nach dem jeweiligen Arbeitsverhältnis (Linck in: Schaub 2017, § 53, Rn. 3). Unter die Nebenpflichten fallen Verhaltens- und Informationspflichten (Linck in: Schaub 2017, § 53 Rn. 6 ff.). So dürfen beispielsweise von einer Pflegekraft keine Daten von betreuten Menschen an ein Konkurrenzunternehmen weitergegeben werden (Linck in: Schaub 2017, § 53 Rn. 11).

3.3.2 Fallgruppe Whistle Blowing

Unter Whistle Blowing werden Strafanzeigen von ArbeitnehmerInnen gegen ArbeitgeberInnen zur Offenlegung von rechtswidrigen Situationen am Arbeitsplatz verstanden (EGMR 21.7.2011–28274/08). Aus den Nebenpflichten der ArbeitnehmerInnen gem. § 241 Abs. 2 BGB kann die Pflicht zur Verschwiegenheit über betriebliche Angelegenheiten (Schaub/Koch 2018, 697) und zur Loyalität hergeleitet werden (Linck in: Schaub 2017, § 53 Rn. 26). Durch Strafanzeigen gegen die ArbeitgeberInnen kann diese Nebenpflicht verletzt werden.

Einer Altenpflegerin aus Berlin wurde beispielsweise wegen einer erfolglosen Strafanzeige wegen Missständen in einem Pflegeheim gegen ihren Arbeitgeber fristlos gekündigt, wobei die Wirksamkeit der Kündigung durch die Arbeitsgerichte und das Bundesverfassungsgericht bestätigt wurde. Der EGMR verurteilte deswegen die Bundesrepublik Deutschland wegen Verletzung des Rechts auf Meinungsfreiheit nach Art. 10 der Europäischen Menschenrechtskonvention zu einer Entschädigung von 10.000 Euro für den immateriellen Schaden und zu einem Kostenersatz in Höhe von 5.000 Euro für der Altenpflegerin entstandene Kosten (vgl. EGMR a.a.O. und Heinisch/Hopmann 2012, 15 ff.).

Seit dem Urteil ist anerkannt, dass Strafanzeigen gegen ArbeitgeberInnen unter bestimmten Voraussetzungen nicht gegen die Nebenpflicht zur Verschwiegenheit verstoßen, wenn sie eine angemessene Reaktion auf das Verhalten der ArbeitgeberInnen darstellen, d. h., dass das Interesse der Öffentlichkeit an der Offenlegung der Missstände das Interesse der ArbeitgeberInnen an der Geheimhaltung überwiegt. Eine Strafanzeige ist demnach zulässig, wenn die ArbeitnehmerInnen zuvor eine innerbetriebliche Klärung versucht haben, sofern diese ihnen zumutbar war. Zudem dürfen die Aussagen von ArbeitnehmerInnen nicht wissentlich oder leichtfertig wahrheitswidrig gemacht worden sein (Schaub/Koch 2018, 57). In solchen Fällen ist es dann auch unerheblich, wenn das Strafverfahren mangels Tatverdacht gem. § 170 Abs. 1 StPO eingestellt wird.

3.3.3 Ansprüche bei Verletzung der Treuepflichten

Die Verletzung der Treue- bzw. Nebenpflichten kann Schadensersatzansprüche gem. § 280 Abs. 1 BGB auslösen. Zudem können je nach Schwere der Verletzung arbeitsrechtliche Maßnahmen von einer Er- bzw. Abmahnung bis hin zu einer ordentlichen und außerordentlichen Kündigung durchgeführt werden.

 Literatur

Heinisch, B., Hopmann, B. (2012): Altenpflegerin schlägt Alarm. Über das Recht Missstände anzuzeigen, VSA Verlag, Hamburg

3.4 Der praktische Fall: Der gemobbte Whistleblower

Gerhard arbeitet als anerkannter Sozialarbeiter in einem Gefängnis. Eines Tages bekommt er von der Gefängnisleitung die Weisung, bei der Abschiebung eines ausländischen Gefangenen in dessen Heimatland mitzuwirken. Gerhard weigert sich, da dies gegen seinen Berufsethos als anerkannter Sozialarbeiter verstoße. Zudem macht er die Gefängnisleitung darauf aufmerksam, dass der Vollzugsbeamte Bernd Gefangene misshandele. Von diesen Misshandlungen hatte er von Gefangenen im Rahmen seiner Sprechstunde erfahren. Die Gefangenen berichteten jeweils unabhängig voneinander von diesen Misshandlungen. Die Gefängnisleitung hört daraufhin Bernd zu diesen Vorwürfen an. Da Bernd bisher ein verdienstvoller Mitarbeiter war und alles bestreitet, unternimmt die Gefängnisleitung nichts weiter gegen Bernd. Nach diesem Vorfall beginnen Bernd und die anderen Vollzugsbeamten Gerhard zu schikanieren, wo sie nur können. Unter anderem grüßen sie Gerhard nicht mehr, geben ihm falsche Informationen in Bezug auf die Dienstabläufe im Gefängnis und berichten anderen Gefangenen wahrheitswidrig, dass Gerhard sie, die Gefangenen, anschwärzen würde. Als Gerhard davon erfährt, beschwert er sich über die VollzugsbeamtInnen bei der Leiterin des Gefängnisses Frau Dr. Verzagt. Frau Dr. Verzagt ist der Auffassung, dass Gerhard sich dies aufgrund seines Verhaltens selbst zuzuschreiben habe und sie deshalb nichts unternehmen werde. Daraufhin platzt Gerhard der Kragen. Er erstattet Strafanzeige gegen Bernd wegen Misshandlung der Gefangenen und gegen Frau Dr. Verzagt wegen Misshandlung der Gefangenen durch Unterlassen. Zudem bleibt er dem Dienst fern und lässt Frau Dr. Verzagt über seine Anwältin ausrichten, dass er so lange nicht mehr zum Dienst erscheinen werde, bis sie etwas gegen das feindselige Verhalten der VollzugsbeamtInnen ihm gegenüber unternommen habe. Als die Strafverfahren gegen Bernd und Frau Dr. Verzagt wegen mangelnden Tatverdachts nach § 170 Abs. 1 StGB eingestellt worden sind, erwägt die Gefängnisleitung arbeitsrechtliche Schritte gegen Gerhard sowohl in Hinblick auf seine Weigerung, bei Abschiebungen mitzuwirken, als auch in Bezug auf seine Strafanzeigen. Da Gerhard nicht mehr zum Dienst erscheint, stellt die Gefängnisleitung schließlich die Gehaltszahlungen an Gerhard ein.

1. Darf die Gefängnisleitung an Gerhard die Weisung erteilen, an der Abschiebung von Gefangenen mitzuwirken?
2. Durfte Bernd die Strafanzeigen stellen?
3. Muss die Gefängnisleitung Maßnahmen gegen das Schikanieren von Gerhard durchführen?
4. Muss Gerhard nicht mehr zum Dienst erscheinen, wenn es keine Maßnahmen der Gefängnisleitung gegen das Schikanieren von Gerhard gibt?
5. Behält Gerhard seinen Anspruch auf Vergütung, wenn er wegen der Schikanen keinen Dienst mehr macht?

4 Die Beendigung des Arbeitsverhältnisses

Ein Arbeitsvertrag kann beendet werden durch Fristablauf bzw. Zweckerreichung bei einer wirksamen Befristung des Arbeitsvertrages, durch Eintritt einer auflösenden Bedingung bei einem auflösend bedingten Arbeitsvertrag, durch Aufhebungsvertrag, durch eine wirksame Kündigung, durch gerichtliche Auflösung des Arbeitsverhältnisses durch Urteil oder durch Tod der ArbeitnehmerInnen, da die ArbeitnehmerInnen gem. §613 BGB im Zweifel Dienste persönlich zu erbringen haben und der Anspruch auf Dienste im Zweifel nicht übertragbar und somit das Erbrecht nach §1922 ff. BGB in diesem Fall nicht anwendbar ist. Nach der Beendigung des Arbeitsverhältnisses besteht für die ArbeitnehmerInnen ein Anspruch auf Erteilung eines Zeugnisses gem. §630 S. 4 BGB i.V.m. §109 GewO. Im Folgenden werden mit Übersichten die Beendigung des Arbeitsvertrages, die Befristung, die Aufhebung, die Kündigung eines Arbeitsvertrages und das Arbeitszeugnis erörtert.

Beendigung eines Arbeitsvertrages

Übersicht 7

1. Fristablauf / Zweckerreichung gem. § 15 TzBfG
2. Auflösende Bedingung (§§ 158 Abs. 2 BGB, 21 TzBfG)
3. Aufhebungsvertrag (§§ 311, 241, 623, 126, 125 BGB)
4. Kündigung (§§ 622, 623, 626 BGB; KSchG)
5. Urteil (§ 9 KSchG)
6. Tod des Arbeitnehmers

4.1 Fristende und Aufhebungsvertrag

Befristung und Aufhebung eines Arbeitsvertrages *Übersicht 8*

1. Befristung eines Arbeitsvertrages nach §§ 14 ff. TzBfG
1.1 Voraussetzungen
    1.1.1   Befristungsgrund
    1.1.1.1   Sachlicher Grund gem. § 14 Abs. 1
    1.1.1.2   Befristung ohne sachlichen Grund
    1.1.1.2.1 gem. § 14 Abs. 2 bis zwei Jahre
    1.1.1.2.2 gem. § 14 Abs. 2a bis vier Jahre
    1.1.1.2.3 gem. § 14 Abs. 3 bis fünf Jahre
    1.1.2   Schriftform gem. § 14 Abs. 4
1.2 Rechtsfolgen
    1.2.1   Vertragsende nach Fristablauf gem. § 15
    1.2.2   bei unwirksamer Befristung unbefristeter Arbeitsvertrag gem. §§ 16, 17

2. Aufhebung eines Arbeitsvertrages (§§ 311, 241 BGB)
2.1 Voraussetzungen
    2.1.1   zwei übereinstimmende Willenserklärungen nach §§ 145 ff. BGB
    2.1.2   Schriftform nach §§ 623, 126, 125 BGB
2.2 Rechtsfolgen
    2.2.1   Aufhebung des Arbeitsvertrages
    2.2.2   ggfs. Ruhen des Arbeitslosengeldes I gem. § 159 Abs. 1 S. 1 Nr. 1, Abs. 3 SGB III
    2.2.3   ggfs. Kürzung des Arbeitslosengeldes II gem. §§ 31 ff. SGB II

4.1.1 Befristung eines Arbeitsvertrages

Fast jede fünfte der SozialarbeiterInnen arbeitet im Rahmen eines befristeten Arbeitsvertrages (Henn et al. 2017, 14). Die Zulässigkeit einer Befristung im Arbeitsvertrag bestimmt sich in erster Linie nach dem Teilzeit- und Befristungsgesetz. Gem. § 3 S. 1 TzBfG sind befristete Arbeitsverträge Verträge, welche für eine bestimmte Zeit geschlossen worden sind. Im Rahmen dieses Gesetzes wird in § 14 zwischen einer sachgrundlosen nach den Absätzen 2, 2a, 3 und einer durch sachlichen Grund gerechtfertigten Befristung gem. Absatz 1 unterschieden. Innerhalb der Befristung nach Absatz 1 differenziert das Gesetz zwischen einer kalendermäßigen Befristung und einer zweckgebundenen Befristung (vgl. §15 TzBfG).

Der Arbeitsvertrag kann auch bei Vorliegen der Voraussetzungen der Anforderungen des Teilzeit- und Befristungsgesetzes nach §21 TzBfG unter eine auflösende Bedingung gem. §158 Abs.2 BGB gestellt werden. Eine solche Bedingung kann zum Beispiel zwischen einer Jugendeinrichtung und einem Sozialarbeiter vereinbart werden, wenn der Sozialarbeiter unter Verdacht steht, eine Straftat im Sinne von §72a SGB VIII begangen zu haben, und der Arbeitsvertrag unter die auflösende Bedingung der rechtskräftigen Verurteilung des Sozialarbeiters in Bezug auf diese Straftat gestellt wird (vgl. BAG 19.3.2008 – 7 AZR 1033/06 – zum Wachpersonal). Sofern gem. §21 TzBfG die Anforderungen an die Vereinbarung erfüllt sind, endet dann der Vertrag, wenn der Sozialarbeiter wegen der genannten Straftat rechtskräftig verurteilt wird.

4.1.2 Aufhebung eines Arbeitsvertrages

Der Aufhebungsvertrag ist nicht, wie zum Beispiel der Arbeitsvertrag nach §611a BGB, gesetzlich ausdrücklich geregelt. In §623 BGB wird dieser Vertrag vorausgesetzt. Der Aufhebungsvertrag ist ein Vertrag i.S.v. §§311, 241 BGB zwischen ArbeitgeberInnen und dem ArbeitnehmerInnen, welcher die Auflösung des Arbeitsverhältnisses zum Gegenstand hat. Für den Aufhebungsvertrag gelten weder Kündigungsfristen noch die Regeln des besonderen Kündigungsschutzes. Auch muss den ArbeitnehmerInnen keine vorherige Bedenkzeit gewährt werden (Schaub/Koch 2018, 121). Es gelten für den Aufhebungsvertrag die allgemeinen rechtsgeschäftlichen Regelungen, so dass auch eine Anfechtung wegen widerrechtlicher Drohung gem. §123 Abs.1 Var. 2 BGB in Betracht kommen kann. Eine solche Drohung liegt beispielsweise vor, wenn ein Arbeitgeber mit einer außerordentlichen Kündigung droht, die ein verständiger Arbeitgeber nicht ernsthaft erwägen darf (BAG 28.11.2007 – 6 AZR 1108/06).

4.1.3 Formerfordernisse

Sowohl die Befristung (§ 14 Abs. 4 TzBfG) als auch der Aufhebungsvertrag (§ 623 BGB) bedürfen der Schriftform. Die Schriftform setzt gem. § 126 BGB voraus, dass die Befristungs- bzw. Aufhebungsvereinbarung von den VertragspartnerInnen nach Abs. 1 eigenhändig durch Namensunterschrift oder mit notariell beglaubigten Handzeichen unterschrieben werden, wobei gem. Abs. 3 die elektronische Form gem. § 126a BGB möglich ist, wenn sich aus dem Gesetz nichts anderes ergibt. Daher ist in Bezug auf die Befristung die elektronische Form möglich, während diese für den Aufhebungsvertrag gem. § 623 BGB ausgeschlossen ist. Wenn die Formerfordernisse nicht eingehalten werden, sind die Befristung und der Aufhebungsvertrag jeweils unwirksam gem. § 125 S. 1 BGB.

4.2 Kündigung

Die Kündigung ist ein einseitiges Rechtsgeschäft, das bei Vorliegen der Voraussetzungen mit Zugang bei den ArbeitnehmerInnen bzw. ArbeitgeberInnen wirksam wird. Sie zielt ab auf die Beendigung des Arbeitsverhältnisses. Gem. §§ 4, 7 KSchG ist eine Kündigung des Arbeitgebers wirksam, wenn innerhalb von drei Wochen nach Zugang der schriftlichen Kündigung bei den ArbeitnehmerInnen diese keine Klage beim Arbeitsgericht auf Feststellung der Unwirksamkeit der Kündigung erhoben haben. Bei einer Kündigung wird zwischen einer ordentlichen, fristgemäßen und einer außerordentlichen, fristlosen Kündigung unterschieden. Nach der folgenden Übersicht werden der besondere Kündigungsschutz, die Kündigungsgründe der beiden Kündigungsarten und die gerichtliche Auflösung des Arbeitsverhältnisses durch Urteil dargestellt.

Kündigung

Übersicht 9

1. Ordentliche Kündigung
1.1 Voraussetzungen
    1.1.1 zweifelsfreie, schriftliche, zugegangene, fristgemäße Kündigungserklärung

1.1.2 Beteiligung des Betriebsrates bzw. der Personalvertretung (vgl. § 102 BetrVG, § 66 HPVG)
1.1.3 kein Eingreifen eines besonderen Kündigungsschutzes (vgl. §§ 17 MuSchG, 18 BEEG, 613 a IV BGB)
1.1.4 Soziale Rechtfertigung, wenn Voraussetzungen der §§ 23 Abs. 1, 1 Abs. 1, 14 KSchG
1.1.4.1 personenbedingt(§ 1 Abs. 2 S. 1 KSchG)
1.1.4.2 verhaltensbedingt (§ 1 Abs. 2 S. 1 KSchG)
1.1.4.3 betriebsbedingt (§ 1 Abs. 2 S. 1, Abs. 3 KSchG)
1.2 Rechtsschutz:
Kündigungsschutzklage nach §§ 4, 7 KSchG

2. Außerordentliche Kündigung
2.1 Voraussetzungen
2.1.1 zweifelsfreie, schriftliche, zugegangene, fristgemäße wirksame Kündigungserklärung innerhalb Frist nach § 626 Abs. 2 S. 1, S. 2 BGB
2.1.2 Beteiligung des Betriebsrates bzw. der Personalvertretung (vgl. §§ 102, 103 BetrVG, § 66 HPVG)
2.1.3 kein Eingreifen eines besonderen Kündigungsschutzes (vgl. §§ 17 MuSchG, 18 BEEG)
2.1.4 wichtiger Grund i. S.v. § 626 Abs. 1 S. 1 BGB
2.2 Rechtsschutz:
Kündigungsschutzklage nach §§ 4, 7 KSchG

Der besondere Kündigungsschutz kann sowohl bei der ordentlichen als auch bei der außerordentlichen Kündigung bedeutsam werden. Unter dem besonderen Kündigungsschutz wird verstanden, dass unter bestimmten gesetzlichen Voraussetzungen eine Kündigung ausgeschlossen ist. So ist beispielsweise nach § 17 Abs. 1 S. 1 Nr. 1 MuschG die Kündigung einer Frau während ihrer Schwangerschaft unzulässig, wenn dem Arbeitgeber zum Zeitpunkt der Kündigung die Schwangerschaft bekannt ist oder wenn dem Arbeitgeber die Schwangerschaft spätestens zwei Wochen nach Zugang der Kündigung mitgeteilt wird.

Nach § 613a Abs. 4 BGB ist die Kündigung von ArbeitnehmerInnen durch die bisherigen ArbeitgeberInnen oder durch die neuen InhaberInnen wegen Betriebsübergangs unwirksam. Ein Betriebsübergang liegt nicht vor, wenn BetreiberInnen eines Frauenhauses wegen unsicherer Finanzierung den Betrieb des Frauenhauses einstellen und den Vertrag mit dem Landkreis nicht verlängern und der Landkreis später entscheidet, den Betrieb des Frauenhauses durch andere BetreiberInnen fortführen zu lassen (BAG 4.5.2006 – 8 AZR 299/05).

4.2.1 Ordentliche Kündigung

Wenn ein Arbeitsvertrag gem. § 1 Abs. 1 KSchG länger als sechs Monate besteht, die Arbeitnehmerin keine leitende Angestellte i.S.v. § 14 KSchG ist und der Arbeitgeber gem. § 23 Abs. 1 KSchG über mehr als zehn Beschäftigte verfügt, ist das Kündigungsschutzgesetz anwendbar, so dass eine ordentliche Kündigung sozial gerechtfertigt sein muss. Als Rechtfertigungsgründe kommen nach § 1 Abs. 2, 3 KSchG eine verhaltens-, personen- und betriebsbedingte Kündigung in Betracht. Aufgrund des Verhältnismäßigkeitsgrundsatzes nach § 314 BGB ist vor der verhaltensbedingten Kündigung durch ArbeitgeberInnen eine Abmahnung der ArbeitnehmerInnen erforderlich, wenn die Abmahnung vor Kündigungserklärung nicht entbehrlich ist (Schaub/Koch 2018, 5). Entbehrlich ist die Abmahnung, wenn trotzdem keine Verhaltensänderung zu erwarten ist oder die Rechtsverletzung, erkennbar für die ArbeitnehmerInnen, so erheblich ist, dass für die ArbeitgeberInnen eine weitere Beschäftigung der ArbeitnehmerInnen nicht zumutbar ist (Schaub/Koch 2018, 5f.). Eine Abmahnung, welche aus Beweisgründen schriftlich erfolgen sollte, setzt voraus, dass das betreffende Verhalten der ArbeitnehmerInnen beschrieben wird, sie aufgefordert werden, ihr Verhalten zu ändern und dass angedroht wird, dass im Wiederholungsfall weitere arbeitsrechtliche Maßnahmen bis hin zu einer Kündigung erfolgen können (Schaub/Koch 2018, 3). Gem. §§ 1004, 242 BGB analog können ArbeitnehmerInnen die Entfernung rechtswidriger Abmahnungen aus ihrer Personalakte verlangen. So mussten beispielsweise zwei Abmahnungen für eine Mitarbeiterin im Erziehungs- und Sozialdienst einer Einrichtung aus der Personalakte entfernt werden, da sie keine arbeitsvertragliche Pflicht hatte zur angemahnten Vorlage eines erweiterten Führungszeugnisses (ArbG Gelsenkirchen 15.1.2014 – 2 Ca 1310/13).

Eine verhaltensbedingte Kündigung kommt beispielsweise in Betracht bei Anzeigen gegen die ArbeitgeberInnen oder bei Verstoß gegen die Verschwiegenheitspflicht (Schaub/Koch 2018, 694).

Eine krankheitsbedingte Kündigung eines Sozialarbeiters im Rahmen der Asylbewerberbetreuung stellt eine personenbedingte ordentliche Kündigung dar. Eine solche Kündigung setzt voraus, dass 1. eine für den Arbeitnehmer negative Gesundheitsprognose besteht, 2. die Fehlzeiten des Arbeitnehmers zu einer erheblichen Beeinträchtigung der betrieblichen Interessen der Arbeitgeberin führen und 3. der Arbeitgeberin unter Berücksichtigung der Verhältnismäßigkeit diese Beeinträchtigung nicht mehr zuzumuten ist. Diese Voraussetzungen wurden bejaht bei 1525 Fehltagen innerhalb von ca. zwölf Jahren (ArbG Ulm 20.1.2017 – 5 CA 346/16).

Eine betriebsbedingte Kündigung kommt bei Wegfall des Beschäftigungsbedarfs im Unternehmen in Betracht (Schaub/Koch 2018, 190 ff.). Bei der Auswahl der ArbeitnehmerInnen, welchen wegen des Wegfalls des Beschäftigungsbedarfs gekündigt werden soll, müssen die Anforderungen des § 1 Abs. 3 KSchG beachtet werden. Eine betriebsbedingte Änderungskündigung liegt beispielsweise vor, wenn einem Diplom-Pädagogen, der bisher in einer Fachklinik psychotherapeutische Maßnahmen durchführte, nun die Durchführung von Schulungen, Kompetenztraining, Sozialberatung oder autogenem Training angeboten wird, weil die aufsichtsführende Deutsche Rentenversicherung der Fachklinik mitteilt, dass sie Diplom-Pädagogen nicht mehr für psychotherapeutische Maßnahmen einteilen dürfe (LAG Hamm 15.6.2010 – 12 Sa 349/10).

4.2.2 Außerordentliche Kündigung

Nach § 626 Abs. 1 BGB setzt eine außerordentliche Kündigung einen wichtigen Grund voraus. Ein wichtiger Grund ist nach der Vorschrift gegeben, wenn „dem Kündigenden unter Berücksichtigung aller Umstände des Einzelfalles und unter Abwägung der Interessen beider Vertragsteile die Fortsetzung des Dienstverhältnisses bis zum Ablauf der Kündigungsfrist oder bis zu der vereinbarten Beendigung des Dienstverhältnisses nicht zugemutet werden kann". Ein solcher wichtiger Grund wurde z. B. bejaht bei einem Erzieher mit rechtsradikalem Weltbild, der zur Kinderbetreuung im öffentlichen Dienst eingesetzt wurde und sein Weltbild durch sein Verhalten außerdienstlich und auch mit dienstlichen Bezügen zeigte (ArbG Mannheim 19.5.2015 – 7 CA 254/14).

Auch als ein wichtiger Grund für eine außerordentliche Kündigung wurde der Austritt eines bei einem Caritasverband arbeitenden Sozialpädagogen aus der katholischen Kirche gewertet, weil dies eine schwere Loyalitätspflichtverletzung gegen den Arbeitgeber darstellen würde (BAGE 145, 90–96). Ob eine solche Entscheidung das Bundesarbeitsgericht wieder treffen würde, ist zweifelhaft (vgl. 2.1.2 und BAG 25.10.2018 – 8 AZR 501/14).

4.2.3 Auflösung des Arbeitsverhältnisses durch gerichtliches Urteil

Gem. § 9 KSchG hat das Arbeitsgericht bei unwirksamer Kündigung auf Antrag der ArbeitnehmerInnen oder ArbeitgeberInnen das Arbeitsverhältnis aufzulösen gegen Zahlung einer angemessenen Abfindung durch die ArbeitgeberInnen. Der Antrag der ArbeitnehmerInnen setzt voraus, dass ihnen die Fortsetzung des Arbeitsverhältnisses nicht zuzumuten ist. Dagegen setzt der Antrag der ArbeitgeberInnen voraus, dass *„eine den Betriebszwecken dienliche weitere Zusammenarbeit zwischen Arbeitgeber und Arbeitnehmer"* nicht zu erwarten ist.

Die Unzumutbarkeit der Fortsetzung des Arbeitsverhältnisses setzt voraus, dass Umstände vorliegen, aus denen hervorgeht, dass die ArbeitgeberInnen sich bei Unwirksamkeit der Kündigung nicht mehr *„vertragstreu und konstruktiv"* verhalten wollen. Diese Unzumutbarkeit wurde für eine Erzieherin, die als Sozialarbeiterin arbeitete und den Arbeitsanforderungen gesundheitlich nicht gewachsen war, verneint, obwohl der Arbeitgeber sie mehrmals abgemahnt hatte und versucht hatte, sie weiterhin als Sozialarbeiterin in einem für sie schwierigen Umfeld arbeiten zu lassen (LAG Mecklenburg-Vorpommern 12.12.2006 – 5 Sa 521/05).

4.3 Das Arbeitszeugnis

Dass im Jahr 2010 in mehr als 30.000 Fällen gerichtlich in Deutschland über das Arbeitszeugnis gestritten wurde (Holzapfel 2011), zeigt die Bedeutsamkeit des Zeugnisses auf dem Arbeitsmarkt. Im Folgenden wird der Anspruch auf Erteilung eines Zeugnisses, die Zeugnissprache zur Analyse eines Zeugnisses und die Einklagbarkeit eines Arbeitszeugnisses vor Gericht dargestellt.

4.3.1 Anspruch auf ein Arbeitszeugnis

Wie in der Einleitung des Kapitels 4 erwähnt, besteht ein Anspruch auf Erteilung eines Arbeitszeugnisses gem. § 630 S. 4 BGB i. V.m. § 109 GewO. Nach § 109 GewO haben ArbeitnehmerInnen bei Beendigung eines Arbeitsverhältnisses Anspruch auf ein nach § 126 BGB schriftliches Zeugnis. Unterschieden wird zwischen einem einfachen und einem qualifizierten Zeugnis. Das einfache Zeugnis beinhaltet nur Angaben zu Art und Dauer der Tätigkeit, also beispielsweise *„Frau Meier war vom 1. Januar 2017 bis zum 31. Dezember beim Frauenhaus F als anerkannte Sozialarbeiterin angestellt. Folgende Aufgaben hatte sie während ihrer Tätigkeit:…"*. Das qualifizierte Arbeitszeugnis wird nur auf Verlangen der ArbeitnehmerInnen ausgestellt und beschreibt zusätzlich zum Inhalt des einfachen Zeugnisses Leistung und Verhalten der ArbeitnehmerInnen.

Zudem haben die ArbeitnehmerInnen aufgrund der Nebenpflichten der ArbeitgeberInnen einen Anspruch auf ein Zwischenzeugnis, wenn dafür ein triftiger Grund gegeben ist (LAG München 20.6.2012–10 Sa 951/11). Ein triftiger Grund liegt zum Beispiel vor, wenn eine Sozialarbeiterin sich auf eine andere Stelle bewerben will.

Das Zeugnis muss von den ArbeitnehmerInnen abgeholt werden. Wenn das Arbeitszeugnis von den ArbeitnehmerInnen nicht zum vorgeschriebenen Zeitpunkt abgeholt werden kann, sind die ArbeitgeberInnen für die Übersendung des Zeugnisses an die ArbeitnehmerInnen verantwortlich (Linck in: Schaub 2017, § 147 Rn.17).

4.3.2 Zeugnissprache

Nach § 109 Abs. 2 S. 1 GewO muss das Zeugnis klar und verständlich formuliert sein. Zudem soll es wahr und wohlwollend sein. In der Praxis werden die Leistungen und das Verhalten in einem qualifizierten Zeugnis vorwiegend mit einer Zufriedenheitsskala beschrieben (Schaub/Koch 2018, 740). Dabei wird folgende an Schulnoten angelehnte Notenskala zugrunde gelegt (vgl. Linck in: Schaub 2017, § 147 Rn.23):

Bewertungsskala Arbeitszeugnis

Übersicht 10

1. Sehr gut: „Frau F hat ihre Aufgaben im Frauenhaus stets zu unserer vollsten Zufriedenheit erfüllt."

2. Gut: „Frau F hat ihre Aufgaben im Frauenhaus stets zu unserer vollen Zufriedenheit erfüllt."

3. Befriedigend: „Frau F hat ihre Aufgaben im Frauenhaus stets zu unserer Zufriedenheit oder zu unserer vollen Zufriedenheit erfüllt."

4. Ausreichend: „Frau F hat ihre Aufgaben im Frauenhaus zu unserer Zufriedenheit erfüllt."

5. Mangelhaft: „Frau F hat ihre Aufgaben im Frauenhaus insgesamt zu unserer Zufriedenheit erfüllt."

6. Ungenügend: „ Frau F hat sich bemüht, ihre Aufgaben im Frauenhaus zu erfüllen."

4.3.3 Einklagbarkeit eines Zeugnisses

Wenn die ArbeitgeberInnen den Anspruch auf Zeugniserteilung aus der Sicht der ArbeitnehmerInnen nicht ordnungsgemäß erfüllen, können die ArbeitnehmerInnen nach § 2 Abs. 1 Nr. 3 ArbGG vor dem Arbeitsgericht auf Zeugniserteilung bzw. auf Zeugnisberichtigung klagen. In diesem Zusammenhang stellen sich die Fragen, ob der Anspruch bereits verwirkt oder verjährt ist und wer die Darlegungs- und Beweislast für den Inhalt des Zeugnisses trägt. Im Folgenden wird auf diese Fragen eingegangen.

Der Anspruch auf ein Zeugnis verjährt gem. § 195 BGB nach drei Jahren, wobei er vorher auch verwirkt werden kann oder durch eine tarifliche Ausschlussfrist, wie z.B. sechs Monate nach § 37 TVöD, vorher ausgeschlossen sein kann. Die Verwirkung tritt aufgrund Treu und Glauben nach § 242 BGB ein, wenn der Arbeitnehmer eine längere Zeit seinen Zeugnisanspruch nicht geltend gemacht hat und Umstände hinzukommen, dass der Arbeitgeber darauf vertrauen durfte, dass der Arbeitnehmer seinen Anspruch auf ein qualifiziertes Zeugnis nicht mehr geltend macht. Die Voraussetzungen für eine solche Verwirkung sind beispielsweise gegeben, wenn ein Zeugnisberichtigungsanspruch erst nach 21 Monaten geltend gemacht wird (LAG München 11.02.2008 – 6 Sa 539/07).

Die Darlegungs- und Beweislast in Bezug auf den Inhalt des Arbeitszeugnisses wird bedeutsam bei einem Streit zwischen dem Arbeitgeber und dem Arbeitnehmer in Bezug auf die Berichtigung des Arbeitszeugnisses. Wenn ArbeitnehmerInnen ein Arbeitszeugnis mit einer Beurteilung von besser als „befriedigend" haben möchten, müssen sie Tatsachen und Beweise vorlegen, welche eine solche Bewertung rechtfertigen (BAG 14.10.2003 – 9 AZR 12/03). Wenn dagegen eine Beurteilung schlechter als „befriedigend" erfolgt ist, haben im Streitfalle die ArbeitgeberInnen Tatsachen darzulegen und zu beweisen, die eine solche Beurteilung begründen (Linck in: Schaub 2017, Rn.31).

Literatur

Birk, U.-A. (2012): Kündigung einer lesbischen Erzieherin durch die katholische Kirche, KiTa aktuell Recht 04.2012, S. 118–120

4.4 Der praktische Fall: Zurück nach 20 Jahren

Beate ist glücklich. Als ihre vier Kinder aus dem Gröbsten heraus sind, hat sie nach 15-jähriger Arbeitspause wieder einen Arbeitsplatz als Sozialarbeiterin in einer Jugendeinrichtung mit 30 MitarbeiterInnen bekommen. Dass diese Stelle auf zwei Jahre befristet wurde, hat sie in Kauf genommen, obwohl sie vor 20 Jahren schon einmal für zwei Jahre in dieser Einrichtung als Sozialarbeiterin gearbeitet hatte. Während Beate mit ihrer Arbeit zufrieden ist, ist die Geschäftsleitung mit Beates Arbeit unzufrieden. Nach einem Jahr wird Beate wegen schlechter Arbeit ordentlich gekündigt im Rahmen der gesetzlichen Fristen.

1. Ist die Kündigung wirksam, wenn der Arbeitsvertrag wirksam befristet ist und der Betriebsrat ordnungsgemäß beteiligt worden ist?
2. Ist die Befristung des Arbeitsvertrages wirksam, wenn die Kündigung unwirksam ist?
3. Ist Beate an einen Aufhebungsvertrag gebunden, wenn sie diesen bei einer unwirksamen Befristung sofort nach Vertragsvorlage unterschrieben hat, weil der Arbeitgeber ihr mitgeteilt

hatte, dass er ansonsten mit allen erlaubten Mitteln versuchen werde, den Arbeitsvertrag auf eine andere Weise zu beenden?
4. Ist eine Beendigung des Arbeitsvertrages gegen Beates Willen möglich, wenn der Arbeitgeber über keinen wirksamen Entlassungsgrund verfügt?
5. Der Arbeitsvertrag zwischen Beate und der Einrichtung ist mittlerweile einvernehmlich beendet worden. Die Einrichtung übersendet ihr ein Zeugnis, in dem ihr bescheinigt wird, dass sie sich immer bemüht habe, ihre Aufgaben zu erfüllen. Beate ist der Auffassung, dass sie zumindest befriedigende Leistungen erbracht hat. Unter welchen Voraussetzungen kann Beate ein „befriedigendes" Zeugnis bekommen?

5 Haftung im Arbeitsverhältnis

Im Folgenden wird die für das Berufsrecht bedeutsame zivilrechtliche Haftung der ArbeitnehmerInnen mit Ausnahme der in den Kapiteln 3 und 9 dargestellten Haftungen erörtert. Vorab werden in der folgenden Übersicht die möglichen Konstellationen dieser Haftung dargestellt.

> **Haftung von ArbeitnehmerInnen bei betrieblich veranlasster Tätigkeit**
>
> 1. gegenüber ArbeitgeberInnen
> 2. gegenüber KollegInnen
> 3. gegenüber außenstehenden Dritten
> 4. beim Arbeitsunfall für eigene Schäden
> 4.1 Personenschaden
> 4.2 Sachschaden
> 4.3 Vermögensschaden

Übersicht 11

5.1 Haftung der ArbeitnehmerInnen gegenüber ArbeitgeberInnen

Die Haftung der ArbeitnehmerInnen gegenüber den ArbeitgeberInnen im Rahmen eines Arbeitsverhältnisses unterliegt besonderen arbeitsrechtlichen Bestimmungen. Diese Haftung wird insbesondere eingeschränkt durch den innerbetrieblichen Schadensausgleich. Ob ein solcher Ausgleich geprüft wird, hängt davon ab, ob eine betrieblich veranlasste Tätigkeit den Schaden verursacht hat. Daher wird im Folgenden nach den rechtlichen Grundlagen zunächst definiert, was unter einer betrieblich veranlassten Tätigkeit zu verstehen ist. Anschließend wird im Rahmen des Haftungsausschlusses der innerbetriebliche Schadensausgleich erläutert.

5.1.1 Rechtliche Grundlagen

Eine Schadensersatzpflicht der ArbeitgeberInnen gegenüber den ArbeitnehmerInnen kann sich aus vertraglicher Haftung gem. § 280 Abs. 1 BGB oder aus unerlaubter Handlung gem. §§ 823 ff. BGB ergeben. In der folgenden Übersicht werden die Voraussetzungen der Haftungen nach § 280 Abs. 1 BGB und nach § 823 Abs. 1 BGB ausgeführt:

> **Voraussetzungen der Haftungen nach § 280 Abs. 1 BGB und § 823 Abs. 1 BGB**
>
> *Übersicht 12*
>
> **1.** § 280 Abs. 1 BGB
> 1.1 Schuldverhältnis: Arbeitsverhältnis nach § 611a BGB
> 1.2 Pflichtverletzung: z. B. der Pflicht aus § 241 Abs. 2 BGB durch zu schnelles Fahren mit dem Dienstwagen
> 1.3 Verschulden: §§ 276, 280 Abs. 1 S. 2, 619a BGB
> 1.4 dadurch Schaden
> 1.5 Ersatz gem. §§ 249 ff. BGB, Berücksichtigung von Mitverschulden gem. § 254 BGB
>
> **2.** § 823 Abs. 1 BGB
> 2.1 Rechtsgutverletzung
> 2.2 Verhalten: Handeln oder pflichtwidriges Unterlassen
> 2.3 Ursachenzusammenhang zwischen Verhalten und Rechtsgutsverletzung
> 2.4 Rechtswidrigkeit des Verhaltens: kein Vorliegen von Rechtfertigungsgründen
> 2.5 Verschulden: Vorsatz oder Fahrlässigkeit
> 2.6 Rechtsfolge: §§ 249 ff.
>   2.6.1 Ursachenzusammenhang zwischen Rechtsgutsverletzung und Schaden
>   2.6.2 Bestimmung des Schadensersatzes, Berücksichtigung von Mitverschulden gem. § 254 BGB

Wenn beispielsweise eine Sozialarbeiterin mit dem Dienstwagen ihrer Einrichtung zu schnell fährt und einen Unfall verursacht mit „Totalschaden" beim Fahrzeug, kommt sowohl eine vertragliche Haftung nach § 280 Abs. 1 BGB als auch eine Haftung aus unerlaubter Handlung gem. § 823 Abs. 1 BGB in Betracht.

5.1.2 Betrieblich veranlasste Tätigkeit

Die betrieblich veranlasste Tätigkeit ist eine Voraussetzung für eine beschränkte ArbeitnehmerInnenhaftung (BAG NZA 2003, 37). Unter dem Begriff der betrieblich veranlassten Tätigkeit werden Handlungen der ArbeitnehmerInnen verstanden, zu denen sie durch den Arbeitsvertrag verpflichtet sind oder die für den Betrieb im Interesse der ArbeitgeberInnen durchgeführt werden, wobei eine Pflichtverletzung diese Anforderungen an die betrieblich veranlasste Tätigkeit nicht ausschließen kann (Linck in: Schaub 2017, § 59 Rn.32). Die bloße Anwesenheit im Betrieb oder die ausschließliche Nutzung eines Betriebsmittels begründen keine betrieblich veranlasste Tätigkeit (Linck in: Schaub 2017, § 59 Rn.33). Wenn eine Sozialarbeiterin einen Dienstcomputer mit Erlaubnis des Arbeitgebers privat nutzt, handelt es sich demnach nicht um eine betrieblich veranlasste Tätigkeit. Ob eine betrieblich veranlasste Tätigkeit vorliegt, müssen im Streitfall die ArbeitnehmerInnen beweisen (Linck in: Schaub 2017, § 59 Rn.35).

5.1.3 Haftungsausschluss

Wenn die Tatbestandsvoraussetzungen für eine Haftung der ArbeitnehmerInnen erfüllt sind, muss geprüft werden, ob die Haftung ganz oder teilweise ausgeschlossen ist. Ein solcher Ausschluss kann vorliegen, wenn die ArbeitgeberInnen gem. § 254 Abs. 1 oder durch das Verhalten anderer MitarbeiterInnen gem. § 254 Abs. 2 S. 2 i.V.m. § 278 BGB Mitverschulden zur Last gelegt werden kann. Zudem wird in entsprechender Anwendung des § 254 BGB der innerbetriebliche Schadensausgleich bei betrieblich veranlasster Tätigkeit angewandt. Tabelle 1 stellt diese Haftung dar (entnommen Fischer 2015, 141).

Die Grundsätze des innerbetrieblichen Schadensausgleiches bei betrieblich veranlasster Tätigkeit sind eine Fortentwicklung der Grundsätze zur gefahrgeneigten Arbeit durch das Bundesarbeitsgericht (vgl. Linck in: Schaub 2017, § 59 Rn.24ff.). Die Grundsätze sind entwickelt worden, um das Betriebsrisiko beim Führen eines Unternehmens sachgerecht zwischen ArbeitgeberInnen und ArbeitnehmerInnen aufzuteilen. Es soll dadurch verhindert werden, dass die ArbeitgeberInnen durch die Zuteilung betrieblicher Arbeit auf die ArbeitnehmerInnen einseitig das Betriebsrisiko auf die ArbeitnehmerInnen abwälzen können (Dütz/Thüsing 2017, Rn.1).

Tabelle 1: Haftung bei betrieblich veranlasster Tätigkeit

Verschulden ArbeitnehmerInnnen	Haftung ArbeitgeberInnen	Haftung ArbeitnehmerInnen
Vorsatz	0%	100%
Grobe Fahrlässigkeit	abhängig vom Einzelfall	abhängig vom Einzelfall
mittlere Fahrlässigkeit	abhängig vom Einzelfall	abhängig vom Einzelfall
leichteste Fahrlässigkeit	100%	0%

Durch die Grundsätze des innerbetrieblichen Schadensausgleiches bei betriebsbedingter Tätigkeit wird die Haftung der ArbeitnehmerInnen beschränkt. Die Beschränkung erfolgt, indem die Haftung der ArbeitnehmerInnen nach ihrem jeweiligen Verschulden begründet wird. Dabei wird unterschieden zwischen Vorsatz, grober Fahrlässigkeit, mittlerer Fahrlässigkeit und leichtester Fahrlässigkeit. Bei vorsätzlichem Verhalten haften die ArbeitnehmerInnen voll und bei leichtester Fahrlässigkeit in keiner Weise. Bei grober und mittlerer Fahrlässigkeit wird die Haftung nach dem jeweiligen Einzelfall beurteilt. Im öffentlichen Dienst können ArbeitnehmerInnen gem. Art. 34 S. 2 GG und nach § 3 Abs. 6 TVöD nur bei Vorsatz und grober Fahrlässigkeit haften.

In der folgenden Übersicht werden Kriterien dargestellt, mit denen die Haftungsaufteilung begründet wird.

Kriterien zur Haftungsaufteilung beim innerbetrieblichen Schadensausgleich (vgl. BAG NZA 2003, 37, 39; Fischer 2015, 142)

Übersicht 13

1. Gefahrgeneigtheit der Tätigkeit
2. Schadenshöhe

3. Versicherbarkeit des Risikos
4. Stellung der ArbeitnehmerInnen im Betrieb
5. Höhe des Arbeitsentgelts
6. Sonstige persönliche Umstände

Die ArbeitnehmerInnen haften grundsätzlich bei grober Fahrlässigkeit voll. Wenn das Schadensrisiko und das Arbeitsentgelt in einem erheblichen Missverhältnis stehen, kann eine Aufteilung des Schadensersatzes möglich sein. Bei mittlerer Fahrlässigkeit kann bei der Berechnung der Aufteilung des Schadensersatzes auch die Gefahrgeneigtheit der Arbeit erheblich sein. Im öffentlichen Dienst können ArbeitnehmerInnen gem. Art. 34 S. 2 GG und nach § 3 Abs. 6 TVöD nur bei Vorsatz und grober Fahrlässigkeit haften. Gefahrgeneigte Arbeit wurde beispielsweise bei einer Sozialarbeiterin für möglich gehalten, wenn sie zu ihren Einsätzen mit dem Auto fuhr und sich dadurch in Situationen begab, in denen es häufig zu unverschuldeten Unfällen kam (BAGE 33, 108–112).

5.2 Haftung gegenüber Dritten

Bei der Haftung gegenüber Dritten ist zwischen der Haftung gegenüber KollegInnen und der Haftung gegenüber nicht zum Betrieb gehörigen Dritten zu unterscheiden. Zudem sind bei diesen Haftungsfällen, wenn sie im Rahmen betrieblich veranlasster Tätigkeiten geschehen, Freistellungsansprüche gegenüber den ArbeitnehmerInnen zu prüfen, welche ggfs. die Haftung gegenüber Dritten im Ergebnis einschränken.

5.2.1 Haftung gegenüber Kollegen

Im Rahmen dieser Haftung ist zu unterscheiden zwischen Personen- und Sachschäden.
Eine Haftung für Personenschäden ist aufgrund des Eingreifens der Unfallversicherung nach §§ 105 SGB VII mit der Ausnahme des Vorliegens von Vorsatz ausgeschlossen. Eine Haftung für Sachschäden, z. B. Beschädigung des Autos eines Kollegen, ist mangels

vertraglicher Haftung nur aus unerlaubter Handlung gem. §§ 823 ff. BGB möglich. Diese Haftung wird den KollegInnen gegenüber nicht eingeschränkt, da sie als ArbeitnehmerInnen das Betriebsrisiko in diesem Fall nicht zu tragen haben.

5.2.2 Haftung gegenüber nicht zum Betrieb gehörigen Dritten

Wenn eine Sozialarbeiterin in einem Krankenhaus beim Beratungsgespräch am Bett eines Patienten aus Versehen dessen Tabletcomputer von einem Tisch stößt, so dass dieser zerstört ist, oder während einer betrieblich veranlassten Fahrt zu den Angehörigen des Patienten mit dem Dienstwagen aus Versehen in ein anderes Auto fährt, so dass dieses Auto beschädigt und die Fahrerin verletzt wird, stellt sich jeweils die Frage der Haftung der Sozialarbeiterin gegenüber nicht zum Betrieb des Krankenhauses gehörigen Menschen. Im Rahmen der so genannten Außenhaftung haftet eine Arbeitnehmerin nach den allgemeinen zivilrechtlichen Grundsätzen grundsätzlich ohne Einschränkung der dritten Person voll (Linck in: Schaub 2017, § 59 Rn.55). Als Haftungsgrund kommen Ansprüche aus unerlaubter Handlung gem. §§ 823 ff. BGB in Betracht. Ausnahmsweise haften ArbeitnehmerInnen nur beschränkt, wenn zwischen ArbeitgeberInnen und Dritten eine Haftungsbeschränkung vereinbart worden ist. In diesem Falle wirkt die Haftungsbeschränkung auch für die ArbeitnehmerInnen (BGH 21.12.1993 – VI ZR 103/93).

5.2.3 Ansprüche gegen die ArbeitgeberInnen

Wenn ein Sozialarbeiter persönlich einem Kollegen oder einer betriebsfremden Person haftet im Rahmen einer betrieblich veranlassten Tätigkeit, ist fraglich, ob der Arbeitnehmer gegen die Arbeitgeberin einen Freistellungsanspruch hat. Dieser Anspruch kann aus den §§ 257, 670 BGB hergeleitet werden. Dieser Anspruch wandelt sich in einen Erstattungsanspruch gem. § 670 BGB, wenn der Arbeitnehmer an den Dritten bereits vollen Schadensersatz geleistet hat (Linck in: Schaub 2017, § 59 Rn.56).

5.3 Haftung beim Arbeitsunfall

In diesem Abschnitt geht es um die Frage, ob SozialarbeiterInnen bzw. ArbeitnehmerInnen selbst erlittene Schäden im Rahmen ihrer betrieblich veranlassten Tätigkeit tragen müssen oder ob sie sie ersetzt bekommen.

5.3.1 Personenschaden

Wenn ArbeitnehmerInnen als Person Verletzungen erleiden, so werden diese durch die Unfallversicherung im Rahmen des SGB VII getragen (vgl. Kap. 13.2). Ein Anspruch gegen die ArbeitgeberInnen ist grundsätzlich im Rahmen des § 104 SGB VII ausgeschlossen. Nur in bestimmten Fällen, wie zum Beispiel bei vorsätzlichem Handeln der ArbeitgeberInnen, greift der Haftungsausschluss nach § 104 SGB VII nicht.

5.3.2 Sachschaden

Bei dem Ersatz von Schäden an eigenen Sachen der ArbeitnehmerInnen bei betrieblich veranlassten Tätigkeiten ist zwischen verschiedenen Situationen zu unterscheiden.

Wenn die ArbeitgeberInnen oder ihre Erfüllungshilfen den Schaden schuldhaft verursacht haben, haften die ArbeitgeberInnen vertraglich ggfs. gem. §§ 280 Abs. 1, 611a, 241 Abs. 2, 278 BGB und deliktsrechtlich nach §§ 823 ff. BGB. Eine solche Haftung kann z.B. greifen, wenn zwei Sozialarbeiterinnen im Rahmen der Jugendarbeit Handball mit den Jugendlichen spielen und eine Sozialarbeiterin der anderen während des Spielens aus Versehen die Brille abreißt, so dass diese beschädigt wird.

Wenn der Schaden ohne Verschulden der ArbeitgeberInnen sich ereignet, kommt es darauf an, ob der Schaden während einer gewöhnlichen oder außergewöhnlichen Arbeit entsteht. Wenn der Schaden im Rahmen der gewöhnlichen Arbeit, zu der die ArbeitnehmerInnen verpflichtet sind, ohne Verschulden der ArbeitgeberInnen entsteht, haften die ArbeitnehmerInnen selbst. Eine Haftung liegt vor, wenn einem Sozialarbeiter während einer Wanderung mit Jugendlichen ein Schaden an seinen Schuhen entsteht.

Liegt dagegen ein außergewöhnlicher Schaden vor, ein Schaden, mit dem die ArbeitnehmerInnen nicht zu rechnen brauchten, kann ein Aufwendungsersatzanspruch entsprechend § 670 BGB gegen die ArbeitgeberInnen entstehen (BAG – 10.11.1961 – GS 1/60). Ein solcher Fall liegt vor, wenn eine Arbeitnehmerin mit ihrem eigenen Wagen mit Einverständnis des Arbeitgebers betrieblich veranlasste Tätigkeiten durchführt und dabei unverschuldet oder verschuldet einen Unfall verursacht, bei dem das Fahrzeug zerstört wird. Entsprechend § 670 BGB hat in diesem Fall die Arbeitnehmerin einen Ersatzanspruch, wobei ein Mitverschulden der Arbeitnehmerin entsprechend § 254 BGB ggfs. nach den Grundsätzen des innerbetrieblichen Schadensausgleichs berücksichtigt wird (Linck in: Schaub 2017, § 60 Rn.3 ff.).

5.3.3 Vermögensschaden

Fraglich ist, ob beim Einsatz des Privatfahrzeugs im Rahmen betrieblich veranlasster Tätigkeit von ArbeitgeberInnen auch Bußgelder und Strafen der ArbeitnehmerInnen zu ersetzen sind. Die Bezahlung einer Geldstrafe durch Dritte wird vom Bundesgerichtshof nicht als Strafvereitelung i.S.v. § 258 StGB gesehen (BGHSt 37, 226–231). Eine vertragliche Übernahme von Geldbußen und -strafen wird gem. § 138 BGB als sittenwidrig und somit unwirksam angesehen. Als ersatzfähig entsprechend § 670 BGB werden die erforderlichen Verteidigungskosten, in der Regel die gesetzlichen Gebühren, in Bezug auf die Strafen angesehen, wenn eine Straftat nicht „lediglich bei Gelegenheit einer betrieblich veranlaßten Tätigkeit" begangen worden ist (BAG 15.03.1995 – 8 AZR 260/94).

Literatur

Dieball, H., Lehmann, K-H. (2009): Basiswissen zu Aufsichtspflicht und Haftung. Grundlegender Leitfaden rechtlicher Vorgaben für die Arbeit mit Kindern und Jugendlichen, 2. Aufl., Schöneworth, Dähre,, 45–48

5.4 Der praktische Fall: Die Schulsozialarbeiterin

Die Schulsozialarbeiterin Susi arbeitet als Berufsanfängerin seit drei Monaten an der Schule für den freien Träger, einer gemeinnützigen GmbH. Sie befindet sich in der Probezeit und erhält eine Vergütung in Höhe von 2.700 Euro brutto. Da sich ihre beiden Kolleginnen krank gemeldet haben, muss sie die für die Schulsozialarbeit anfallende Arbeit alleine übernehmen. Da der Dienstwagen zur Zeit nicht funktionsfähig ist, hat sie mit dem Geschäftsführer des freien Trägers, Gerhard, vereinbart, dass sie ihren Privatwagen gegen Ersatz der Benzinkosten in dieser Zeit für die Arbeit einsetzt, um ggfs. zu Eltern zu fahren und Schüler nach Hause oder zum Arzt zu fahren. Als Dank darf sie zudem ihren 25. Geburtstag in Räumen des freien Trägers feiern. Nach zwei Wochen Vertretungszeit merkt Susi langsam, dass sie überfordert ist. In einem Beratungsgespräch mit dem 17-jährigen vorlauten Schüler Volker verliert sie die Nerven und rammt ihren Ellenbogen in seinen Bauch, wodurch Volker sein Smartphone fallen lässt, so dass dieses beschädigt wird. Volkers Eltern stellen gegen Susi eine Strafanzeige. Nach dem Beratungsgespräch mit Volker muss Susi mit ihrem Auto einen Schüler zum Arzt fahren. Beim Einparken vor der Arztpraxis schrammt sie aus Versehen ein anderes Auto, was sich als ein alter Rolls-Royce herausstellt. Es entsteht ein Schaden von 30.000 Euro.

1. Ist Susis Geburtstagsfeier eine betrieblich veranlasste Tätigkeit?
2. Können die Eltern von Volker das Smartphone ersetzt verlangen?
3. Hat Susi gegen den Arbeitgeber einen Ersatzanspruch, wenn sie das Smartphone ersetzen muss?
4. Muss Susi für den Schaden am Rolls-Royce aufkommen?

6 Die berufliche Schweigepflicht

§ 203 Abs. 1 StGB untersagt den Angehörigen bestimmter Berufsgruppen (u. a. auch staatlich anerkannten SozialarbeiterInnen und -pädagogInnen) sowie Amtsträgern, fremde Geheimnisse, die ihnen in Ausübung ihrer Tätigkeit anvertraut oder sonst bekannt geworden sind, unbefugt zu offenbaren. Geschützt werden soziale Beziehungen, in denen die „Wahrung des Geheimhaltungsinteresses der Klienten [...] Vorbedingung des Vertrauens [...] und damit zugleich Grundlage für die funktionsgerechte Tätigkeit" ist (BVerfG NJW 1977, 1489, 1491). Eine Strafverfolgung ist dabei von einem Strafantrag der Person abhängig, deren Geheimnis unbefugt offenbart wurde (§ 205 Abs. 1 S. 1 StGB). Die Wichtigkeit der Schweigepflicht für die Praxis der Sozialen Arbeit besteht vor allem in dem aus dieser Pflicht prinzipiell folgenden Schweigerecht gegenüber Dritten (Vorgesetzte, andere Behörden, Polizei usw.) über Inhalte sozialarbeiterischer Arbeitsbeziehungen.

§ 203 Abs. 2 StGB bezieht generell Amtsträger in diese Schweigepflicht ein (Schutz des Dienstgeheimnisses).

6.1 Der schweigepflichtige Personenkreis

Nachfolgend werden die für die soziale Arbeit relevanten schweigepflichtigen Berufsgruppen vorgestellt.

6.1.1 BeraterInnen in bestimmten Beratungsstellen

§ 203 Abs. 1 Nr. 4 und Nr. 5 StGB unterwirft Ehe-, Familien-, Erziehungs- oder Jugendberater sowie Berater für Suchtfragen in einer Beratungsstelle, die behördlich anerkannt ist sowie Mitglieder oder Beauftragte einer anerkannten Beratungsstelle nach den §§ 3 und 8 des Schwangerschaftskonfliktgesetzes sind, ungeachtet ihres Berufsabschlusses der strafrechtlichen Schweigepflicht.

6.1.2 Staatlich anerkannte SozialarbeiterInnen und SozialpädagogInnen

Die in § 203 Abs. 1 Nr. 6 StGB genannten SozialarbeiterInnen und SozialpädagogInnen müssen ein entsprechendes Hochschulstudium absolviert und die staatliche Anerkennung erworben haben (Einzelheiten zur staatlichen Anerkennung in Kap. 12).

6.1.3 Amtsträger

Unabhängig von der Zugehörigkeit zu einer der in § 203 Abs. 1 StGB genannten Berufsgruppen sind nach § 203 Abs. 2 S. 1 Nr. 1 StGB auch Amtsträger, d.h. Beamte (§ 11 Abs. 1 Nr. 2a StGB) und zur Wahrnehmung von Aufgaben öffentlicher Verwaltung bestellte Angestellte (§ 11 Abs. 1 Nr. 2c StGB) schweigepflichtig. Unter „Aufgaben der öffentlichen Verwaltung" fallen solche der staatlichen Eingriffs- und Leistungsverwaltung, aber auch alle von der Staatsgewalt abgeleiteten und staatlichen Zwecken dienenden Aufgaben wie die der Daseinsvorsorge und zwar unabhängig davon, in welcher Form (hoheitlich oder privatrechtlich) sie erfüllt werden (vgl. Nr. 3 der „Hinweise zum VerpflG" des hess. MdIS vom 21.5.2015 – StAnz. 631). Auch Personen, die – ohne Amtsträger zu sein – bei einer Behörde oder sonstigen Stelle, die Aufgaben der öffentlichen Verwaltung wahrnimmt, beschäftigt sind und nach dem Verpflichtungsgesetz (VerpflG) auf eine gewissenhafte Erfüllung ihrer Obliegenheiten verpflichtet wurden, fallen gem. § 203 Abs. 2 S. 1 Nr. 2 StGB unter die Schweigepflicht. Von dieser Regelung werden alle Beschäftigen bei öffentlichen Trägern sozialer Arbeit (wie Städten oder Landkreisen, aber auch Sozialversicherungsträger) unabhängig von ihrem Berufsabschluss erfasst, soweit sie beim Vollzug eines (Sozial-)Gesetzes mitwirken.

6.2 Der Umfang der Schweigepflicht

§ 203 Abs. 1 und 2 StGB schützt Geheimnisse, die einem Regelungsadressaten anvertraut oder sonst bekannt geworden sind, bei Amtsträgern darüber hinaus sonstige Einzelangaben über persönliche oder sachliche Verhältnisse eines anderen (§ 203 Abs. 2 S. 2 StGB).

6.2.1 Geheimnis

Geheimnisse sind Tatsachen, die nur einem Einzelnen oder einem beschränkten Personenkreis bekannt sind und an deren Geheimhaltung der Betroffene ein von seinem Standpunkt aus berechtigtes Interesse hat. Der Tod des Geheimnisträgers ändert an der Geheimniseigenschaft grundsätzlich nichts (vgl. § 203 Abs. 5 StGB).

Das Gesetz hebt beispielhaft zum persönlichen Lebensbereich gehörende Geheimnisse hervor. Darunter fallen in der Regel gesundheitliche (bspw. Alkohol- oder Drogenabhängigkeit) und familiäre Verhältnisse (bspw. der Verdacht auf Vernachlässigung eines Kindes). Bezogen auf die soziale Arbeit sind z.B. Vorstrafen, die Kontaktaufnahme mit einer Beratungsstelle (vgl. BAG NDV 1987, 333), der Bezug von Sozialleistungen (LSG BaWü NZM 2011, 85, 86) oder eine psychologische oder ärztliche Behandlung schützenswerte Geheimnisse. Für ein berechtigtes Interesse des Betroffenen am Geheimnisschutz genügen dabei verständliche Erwägungen, weshalb auch „illegale Geheimnisse" wie etwa begangene (Kindesmisshandlung) oder geplante Straftaten Geheimnisschutz genießen.

6.2.2 „Fremdheit" des Geheimnisses

Fremd ist jedes eine andere Person betreffende Geheimnis. Ob der Klient, der einem Berater oder einer Sozialpädagogin das Geheimnis anvertraut, selbst der Geheimnis „betroffene" ist oder ein Dritter, ist dabei ohne Belang.

6.2.3 Einzelangaben über persönliche oder sachliche Verhältnisse

Bei Amtsträgern unterfallen darüber hinaus sonstige Einzelangaben, die persönliche oder sachliche Verhältnisse eines anderen betreffen, der Schweigepflicht. Geschützt sind damit auch Angaben ohne Geheimnischarakter wie bspw. der Familienstand. Diese Einzelangaben müssen für Aufgaben der öffentlichen Verwaltung erfasst worden sein (bspw. für die Prüfung der Voraussetzungen von Jugendhilfeleistungen).

6.3 Kenntniserlangung im Rahmen der Berufsausübung / als Amtsträger

6.3.1 "Anvertraut"

Unter „Anvertrauen" ist das Einweihen in ein Geheimnis unter der ausdrücklichen Auflage der Geheimhaltung oder doch unter Umständen, aus denen sich eine Verpflichtung zur Verschwiegenheit ergibt, zu verstehen, d. h. es muss ein Vertrauensakt vorliegen (OLG Köln NStZ 1983, 412 und NJW 2000, 3656, 3657).

6.3.2 "Sonst bekanntgeworden"

„Sonst bekanntgeworden" ist ein Geheimnis Schweigepflichtigen, wenn sie es auf andere Weise, bspw. durch Zufall (unbeabsichtigtes Mithören eines Gesprächs im Nachbarbüro) oder auf Grund eigener Tätigkeit (Hausbesuch) erfahren haben (OLG Köln NJW 2000, 3656, 3657). Auch das Bekanntwerden muss in einem inneren Zusammenhang mit der Berufsausübung oder der Amtsträgerschaft stehen.

6.3.3 Kenntniserlangung "als" Berufsrollenträger oder Amtsträger

Die Schweigepflicht nach § 203 Abs. 1 StGB entsteht dann, wenn jemandem ein Geheimnis „als" Berufsangehörigem oder Amtsträger anvertraut oder sonst bekannt geworden ist. Die Rechtsprechung verlangt für die Bejahung dieses Berufsbezugs bei der Geheimniserlangung einen „inneren Zusammenhang" zwischen Berufstätigkeit und Kenntniserlangung (BGHSt 22, 157, 163 und BGHSt 33, 148, 150; OLG Köln NJW 2000, 3656, 3657). Zur Charakterisierung des Tätigkeitsbereichs der schweigepflichtigen Berufsgruppenangehörigen wird dabei auf das „berufliche Rollenbild" bzw. das „Berufsbild" der entsprechenden Tätigkeit verwiesen (Kargl in: Kindhäuser et al. 2017; § 203 StGB Rn.13 f.). Während dieses bei anderen schweigepflichtigen Berufen wie Anwälten oder Steuerberatern durch Berufs- und Gebührenordnungen näher umschrieben wird, fehlen solche Regelungen für die soziale Arbeit. Zudem ist das Feld beruflicher Tätigkeitsbereiche von SozialarbeiterInnen und SozialpädagogInnen sehr weit (von Adoptionsvermittlung über Bewährungshilfe oder Migrations- und Schuldnerberatung bis hin zur Verfahrensbeistandschaft) und wird teilweise (wie etwa in der Mediation oder der Schuldnerberatung) auch von Angehörigen anderer Berufsgruppen „bestellt". Eine Orientierung kann hier die arbeitsgerichtliche Rspr. bieten, die in tarifrechtlichen Streitigkeiten zu entscheiden hatte, wann eine Tätigkeit die einem staatlich anerkannten Sozialarbeiter/Sozialpädagogen „*entsprechende Tätigkeit*" ist. Das BAG sieht die sozialarbeiterische/sozialpädagogische Tätigkeit im Wesentlichen durch folgende Merkmale gekennzeichnet (BAG 20.02.1991 – 4 AZR 377/90 – BeckRS 1991, 30736547):

Einem staatlich anerkannten Sozialarbeiter/ Sozialpädagogen „entsprechende Tätigkeit" nach der Rspr. des BAG:

Übersicht 14

1. Arbeit im Umgang mit Menschen,
1.1 mit einzelnen, mit Familien, mit Gruppen, mit Gemeinwesen,
1.2 mit Menschen unterschiedlicher Altersstufen,
1.3 mit Menschen verschiedener sozialer Herkunft, Berufszugehörigkeit sowie Klassen- und Schichtzugehörigkeit,
1.4 meist direkt im unmittelbaren Kontakt mit den Menschen, denen die sozialpädagogischen Bemühungen gelten,
1.5 aber auch indirekt, wo durch Planung, Organisation und Verwaltung soziale Dienste vorbereitet, bereitgestellt und zugänglich gemacht werden,

2. mit den Zielen der
2.1 Veränderung des Menschen,
2.2 seiner Lebenslage und Lebensqualität,
2.3 und der sie bedingenden gesellschaftlichen Strukturen

3. in folgenden Handlungsmodalitäten:
3.1 informieren, aufklären,
3.2 erziehen, bilden, lehren,
3.3 befähigen, aktivieren,
3.4 mobilisieren, Teilnahme ermöglichen und fördern,
3.5 beraten, behandeln, sozialtherapeutisch wirken,
3.6 verwalten, organisieren, planen,
3.7 materielle und finanzielle Hilfen bereitstellen, vermitteln und einsetzen.

Damit ist die Beurteilung der Schweigepflicht staatlich anerkannter SozialarbeiterInnen und SozialpädagogInnen immer eine Frage des Einzelfalls. Demgegenüber tritt die Schweigepflicht von Amtsträgern immer dann ein, wenn sie als Angehörige ihrer Behörde tätig und vom Publikum in dieser Eigenschaft angesprochen werden (Cierniak/Niehaus in: MüKo 2017, § 203 StGB Rn. 46).

Bei sog. doppelfunktionalen Tätigkeiten kann die Zuordnung zu § 203 Abs. 1 bzw. Abs. 2 StGB Schwierigkeiten bereiten. Stehen bei einem Sozialpädagogen Sachbearbeiteraufgaben im Vordergrund, erfährt dieser Geheimnisse lediglich als Amtsträger (Abs. 2). Überwiegt dagegen die eigenverantwortliche (Vertrauens-)Tätigkeit, so erlangt der Sozialarbeiter das Geheimnis im funktionellen Zusammenhang mit seiner beratenden Aufgabe, was die Schweigepflicht nach Abs. 1 zur Folge hat (Kargl in: Kindhäuser et al. 2017, § 203 StGB Rn.35). Die Zuordnung zu Abs. 1 oder Abs. 2 hat Auswirkungen auf den Umfang des Geheimnisschutzes (s. o. Kap. 6.2.3) und auf die Zulässigkeit einer Geheimnisoffenbarung (s. Kap. 7.2.2 und 7.2.3).

 Literatur

Sauer, J. (2003): Was wissen wir über die berufliche Schweigepflicht in der Sozialen Arbeit? Recht der sozialen Dienste und Einrichtungen (RsDE), 55, 47–64

6.4 Der praktische Fall: Bewährungshilfe in der Kneipe?

Der staatlich anerkannte Sozialarbeiter Nils arbeitet als Bewährungshelfer in Köln. Nach einem langen Arbeitstag geht er in eine Kneipe, um sich ein After Work-Kölsch zu gönnen. Kaum hat er das Bier in der Hand, spricht ihn Proband Bernd an. Nils trennt normalerweise Beruf und Freizeit strikt, doch Bernd ist hartnäckig und Nils ist zu müde. Darum lässt er ihn einfach reden und denkt, heute wollte ich eh früh nach Hause gehen. Da hört er den Bernd sagen: „Ich hab' ja jetzt ‚ne neue Freundin in Holland. Wenn ich sie besuche, bringe ich immer ein bisschen ‚Dope' (ugs. für Haschisch) für den Eigenbedarf mit. Meine Freundin befürchtet, dass ich

meine Bewährung damit gefährde. Ich hab' sie beruhigt, weil ich das nicht an die große Glocke gehängt habe. Außerdem ist es doch gar nicht strafbar, den Eigenbedarf zu decken, nicht wahr? Ich dachte, ich frag mal. Mein Bewährungshelfer hat ja eine Schweigepflicht", sagt Bernd abschließend mit einem Grinsen.
Ist Nils hinsichtlich des Gehörten schweigepflichtig?

7 Die Offenbarung von Berufsgeheimnissen

Die Schweigepflicht gehört zu den „fachlichen Essentials" der sozialen Arbeit (Riekenbrauk 2009, Rn. 4). SozialarbeiterInnen und SozialpädagogInnen sind fast ausnahmslos in behördliche oder freigemeinnützige, manchmal auch privatwirtschaftliche Organisationen eingegliedert und damit als ArbeitnehmerInnen weisungsabhängig und kontrollierbar. Als Organisationsangehörige sind sie regelmäßig auf Kooperation (innerhalb und außerhalb der Organisation) angewiesen, ja hierzu teilweise sogar gesetzlich verpflichtet (man denke an das Hilfeplanverfahren in der Jugendhilfe). Hinzu kommt die Notwendigkeit des Informationsaustauschs in Fällen von Teamarbeit, Supervision, Vertretungen (Urlaub, Krankheit) oder Nachfolgeregelungen. Die Praxis der Sozialen Arbeit kann somit in ein „Dilemma zwischen der Notwendigkeit des Informationsaustausches und der Pflicht zur Diskretion" geraten (Mörsberger 1981, 140). § 203 StGB stellt allerdings nur das unbefugte Offenbaren fremder Geheimnisse unter Strafe. Es existieren zahlreiche Offenbarungsbefugnisse, d.h. Erlaubnisse einer Offenbarung, die unter bestimmten Voraussetzungen die Weitergabe von Geheimnissen rechtfertigen.

7.1 Die Geheimnisoffenbarung

7.1.1 Tathandlung „offenbaren"

Unter einem Offenbaren ist jede Mitteilung des Geheimnisses oder einer Einzelangabe an einen Dritten zu verstehen, der das Geheimnis noch nicht kennt. Dies kann ausdrücklich geschehen, aber auch durch schlüssiges Verhalten oder – bei Bestehen einer strafrechtlichen Garantenpflicht (§ 13 StGB) – auch durch Unterlassen (offenes Liegenlassen von Klientenakten auf dem Schreib-

tisch des unverschlossenen Dienstzimmers). Eine Mitteilung an Dritte ist allerdings nur dann gegeben, wenn Tatsachen aus dem „Kreis der Wissenden oder der zum Wissen Berufenen" hinausgetragen werden. Kein Offenbaren liegt damit dann vor, wenn innerhalb bestimmter Funktionseinheiten Bedienstete im Rahmen ihrer Tätigkeit zusammenarbeiten müssen und dadurch Zugang zu Privatgeheimnissen erhalten (LG Bonn NJW 1995, 2419, 2420; BGH NJW 1995, 2915, 2916). Ein Beispiel aus der sozialen Arbeit dürfte die Beteiligung mehrerer Fachkräfte und Beschäftigter an der Durchführung der Hilfeplankonferenz sein (vgl. §36 Abs.2 SGB VIII).
Unerheblich für eine Geheimnisoffenbarung ist, ob der Dritte, dem das Geheimnis offenbart wird, seinerseits schweigepflichtig ist (BGH NJW 1991, 2955; BayObLG NJW 1995, 187f.). Eine anonymisierte Mitteilung stellt demgegenüber kein Offenbaren dar. Die Schweigepflicht gilt grundsätzlich auch innerdienstlich, d. h. gegenüber Urlaubs-, Abwesenheits- und Krankheitsvertretern ebenso wie bei der Übergabe eines Falles an einen Nachfolger und auch bei Auskunftsverlangen von Dienstvorgesetzten (BGH NZA 1987, 515, 517; OLG Karlsruhe NStZ 1993, 405, 406; BayObLG NJW 1995, 1623 m. w. N.).

7.1.2 Besonderheiten bei Amtsträgern

Für Amtsträger sind einige Besonderheiten zu verzeichnen. Die Tathandlung des Offenbarens wird bei Amtsträgern nach des §203 Abs.2 StGB anders als bei Abs.1 verstanden. Es wird dabei davon ausgegangen, dass Geheimnisse nicht einem bestimmten Amtsträger, sondern der Behörde als solcher anvertraut werden. Eine Geheimnisoffenbarung liegt damit nicht vor, wenn die Information innerhalb der Behörde an Personen weitergegeben wird, die mit der Sache zuständigkeitshalber befasst sind (OLG Frankfurt/M. NStZ-RR 1997, 69 und 2003, 170). Zudem klammert die Regelung des §203 Abs.2 S.2 Hs 2 StGB die Weitergabe von Einzelangaben (nicht Geheimnissen!) an andere Behörden oder sonstige Stellen für Aufgaben der öffentlichen Verwaltung aus, wenn das Gesetz eine solche Weitergabe zulässt. Damit werden bspw. Datenschutz- und Informationsfreiheitsgesetze angesprochen, die die Weitergabe personenbezogener Daten zwischen Behörden erlauben oder

fordern. So ist bspw. die Jugendgerichtshilfe gem. §§ 61 Abs. 3 SGB VIII, 38 Abs. 2 JGG zur Mitteilung personenbezogener Informationen an die am Jugendstrafverfahren beteiligten Behörden berechtigt (BTDrs. 12/2866, 33).
Ist ein Amtsträger nach § 203 Abs. 2 StGB allerdings zugleich Angehöriger einer der in § 203 Abs. 1 StGB genannten Berufsgruppen, so geht § 203 Abs. 1 StGB der Regelung des Abs. 2 vor (OLG Karlsruhe NStZ 1993, 406). Für diese Amtsträger gelten dann die unter 7.1.1. näher erläuterten Anforderungen an eine Offenbarung.

7.1.3 Die Informationsweitergabe gegenüber Gehilfen und Auszubildenden

§ 203 Abs. 3 S. 1 StGB schließt ein tatbestandsmäßiges Offenbaren durch Berufsgeheimnis- und Amtsträger aus, wenn diese den bei ihnen berufsmäßig tätigen Gehilfen oder den bei ihnen zur Vorbereitung auf den Beruf tätigen Personen Geheimnisse zugänglich machen. Berufsmäßig tätiger Gehilfe ist, wer eine auf die berufliche Tätigkeit des jeweiligen Schweigepflichtigen bezogene Unterstützung ausübt, die die Kenntnis fremder Geheimnisse mit sich bringt. Dies sind bspw. Personen, die als Schreibkräfte mit der Erledigung der anfallenden Büroarbeiten beschäftigt sind (Heghmanns/Niehaus 2008, 57, 59). Zur Vorbereitung auf den Beruf tätige Personen sind bspw. SozialarbeiterInnen oder SozialpädagogInnen im Berufspraktikum. Das Gesetz bezieht die Genannten damit in den Kreis der zum Wissen Berufenen ein (BTDrs. 18/11936, 27).

7.2 Offenbarungsbefugnisse

Das Schweigegebot gilt nicht ausnahmslos. Das Merkmal „unbefugt" ist als Verweisung auf bestehende Offenbarungsrechte oder -pflichten zu verstehen (OLG Schleswig NJW 1985, 1090, 1092), bei deren Vorliegen ein Offenbaren erlaubt und damit nicht strafrechtswidrig ist.

7.2.1 Einwilligung in die Geheimnisoffenbarung

Der Geheimnisträger (Betroffene) kann die schweigepflichtige Person von der Schweigepflicht entbinden, indem er in eine Geheimnisoffenbarung einwilligt. Die Offenbarung wird dadurch befugt, d.h. nicht rechtswidrig. Eine einmal erteilte Entbindung von der Schweigepflicht kann jederzeit widerrufen werden (OLG Frankfurt/M. StV 2005, 204, 205).

Die Einwilligung ist eine geschäftsähnliche Handlung. Die einwilligende Person muss hierfür die Bedeutung und Tragweite der Einwilligung zu überblicken können. Verfügt ein Minderjähriger über hinreichende Einsichtsfähigkeit, so bedarf seine Einwilligung nicht der Zustimmung der Sorgeberechtigten.

Die Einwilligung muss freiwillig erfolgen. Sie ist nicht an eine Form gebunden und kann deshalb auch durch schlüssiges Verhalten (konkludent) erteilt werden (bspw. durch Vorlage von zur Weiterleitung bestimmten Unterlagen). Nach der Rspr. des BVerfG stellt auch eine mutmaßliche Einwilligung einen eigenständigen Rechtfertigungsgrund im Rahmen der Strafbarkeit nach § 203 StGB dar (BVerfG NJW 2002, 2164, 2165). Die Offenbarung wird dabei im Interesse des Geheimnisinhabers vorgenommen, wobei dieser vermutlich einwilligen würde, aber nicht rechtzeitig einwilligen kann (bspw. bei Bewusstlosigkeit).

7.2.2 Offenbarung zur Abwendung von Gefahren

Eine Geheimnisoffenbarung kann auch auf der Grundlage des § 34 StGB als Notstandshandlung gerechtfertigt sein. Nach § 34 StGB ist die Begehung einer Straftat gerechtfertigt, wenn diese zur Abwendung einer gegenwärtigen und nicht anders abwendbaren Gefahr für Leib, Leben, Freiheit oder ein anderes Rechtsgut begangen wird und bei Abwägung der widerstreitenden Interessen das geschützte Interesse das beeinträchtigte wesentlich überwiegt.

Erfährt etwa eine Mitarbeiterin einer Drogenberatungsstelle von der AIDS-Infektion eines Klienten und verweigert dieser trotz Ansteckungsgefahr die Einwilligung, dass seine bislang ahnungslose Freundin über seine Infektion aufgeklärt wird, so ist die Drogenberaterin unter dem Gesichtspunkt des rechtfertigenden

Notstands befugt, das ihr anvertraute Geheimnis an die Freundin weiterzugeben (Riekenbrauk 2009, Rn. 29 nach OLG Frankfurt NJW 2000, 875).

7.2.3 Sonstige Offenbarungsbefugnisse

§ 203 StGB erlaubt in Abs. 3 S. 2 die Offenbarung fremder Geheimnisse gegenüber sonstigen Personen, die an der beruflichen oder dienstlichen Tätigkeit der Schweigepflichtigen mitwirken, soweit dies für die Inanspruchnahme der Tätigkeit der sonstigen mitwirkenden Personen erforderlich ist. Unter einer „sonstigen mitwirkenden Person" ist eine solche zu verstehen, die an der beruflichen oder dienstlichen Tätigkeit der schweigepflichtigen Person mitwirkt, ohne dass sie in die Sphäre des Berufsgeheimnisträgers eingebunden sein muss. Dies kann Tätigkeiten betreffen wie die Abrechnung von Jugendhilfeleistungen, die Annahme von Telefonanrufen, die Aktenarchivierung und -vernichtung oder die Einrichtung, der Betrieb und die Wartung informationstechnischer Anlagen (BTDrs. 18/11936, 22). Die Anforderung der Erforderlichkeit bringt zum Ausdruck, dass der Berufsgeheimnisträger nicht mehr fremde Geheimnisse als notwendig preisgeben darf, damit die Tätigkeit der sonstigen mitwirkenden Person erfolgen kann.

Werden Angehörigen der in § 203 Abs. 1 Nr. 4–6 StGB angesprochenen Berufsgruppen in Ausübung ihrer beruflichen Tätigkeit gewichtige Anhaltspunkte für die Gefährdung des Wohls eines Kindes oder eines Jugendlichen bekannt und scheitert ein Hinwirken auf die Inanspruchnahme von Jugendhilfemaßnahmen, um die Gefährdung abzuwenden, so sind die Berufsgruppenangehörigen befugt, das Jugendamt zu informieren und die erforderlichen Daten mitzuteilen (§ 4 Abs. 3 Gesetz zur Kooperation und Information im Kinderschutz – KKG).

7.3 Offenbarungspflichten

Während es den nach § 203 StGB Schweigepflichtigen beim Vorliegen einer der in Kap. 7.2 aufgeführten Offenbarungsbefugnisse freisteht, ein Geheimnis zu offenbaren, gibt es auch gesetzlich angeordnete Pflichten zur Weitergabe von Geheimnissen, die auch SozialarbeiterInnen und SozialpädagogInnen betreffen können.

7.3.1 Erziehungsrecht der Eltern

Art. 6 Abs. 2 S. 1 GG garantiert den Eltern das „natürliche" Recht auf Pflege und Erziehung ihrer Kinder. Die Erziehung des Kindes ist damit primär in die Verantwortung der Eltern gelegt. Eltern können grundsätzlich frei von staatlichen Einflüssen und Eingriffen nach eigenen Vorstellungen darüber entscheiden, wie sie die Pflege und Erziehung ihrer Kinder gestalten und damit ihrer Elternverantwortung gerecht werden wollen. Damit soll es den Eltern ermöglicht werden, im Sinne ihrer eigenen Auffassungen und Überzeugungen auf ihre Kinder einzuwirken und so das ihnen nach dem Grundgesetz vorrangig zustehende individuelle Erziehungsrecht zur Geltung zu bringen. Aus dieser Grundgesetzbestimmung entnimmt das BVerfG einen Informationsanspruch der Eltern hinsichtlich des Verhaltens des Kindes und im Zusammenhang damit auftretender Schwierigkeiten. Dies hat zur Folge, dass eine gesetzlich statuierte Schweigepflicht grundsätzlich nicht gegenüber den Erziehungsberechtigten der betroffenen Minderjährigen gilt. Dies kann bspw. für die Schulsozialarbeit weitreichende Konsequenzen haben:

> „Der Informationsanspruch der Eltern bezieht sich grundsätzlich auch auf die Erkenntnisse der schulischen Berater. Deren Einsichten und Erfahrungen im Umgang mit dem Kinde in der Schule können gerade für die individuelle, den Eltern zuvörderst obliegende Erziehung von erheblicher Bedeutung sein. Wenn der Berater ein Vertrauensverhältnis zu dem Schulkinde findet, werden ihm – etwa in persönlichen Gesprächen – oft Umstände zur Kenntnis gelangen, die sich nicht auf den Schulsektor beschränken, sondern auch den intimen Familienbereich berühren. Alles dies kann Gewicht für die Erfüllung der elterlichen Erziehungspflicht haben" (BVerfG NJW 1982, 1375, 1377).

Allerdings wird der Informationsanspruch durch Erwägungen des Kindeswohls eingeschränkt, wenn Probleme und Schwierigkeiten des Kindes ihre Ursache im elterlichen Verhalten haben und kein Vertrauensverhältnis zwischen Eltern und Kind mehr besteht (bspw. bei Kindesmisshandlungen). Im Ergebnis ist damit

„das Schweigerecht der Berater gegenüber den Erziehungsberechtigten auf die Ausnahmefälle begrenzt, in denen konkrete Tatsachen vorliegen, welche bei Information der Erziehungsberechtigten die unmittelbare und gegenwärtige Gefahr einer körperlichen oder seelischen Schädigung des Kindes wahrscheinlich machen" (BVerfG a. a. O., 1378).

7.3.2 Anzeige- und Zeugnispflicht

Nach § 138 StGB ist „jedermann", der von der Planung einer der in der Vorschrift aufgeführten Straftaten erfährt, zu deren Anzeige verpflichtet. Da in dieser Vorschrift nur „Kapitalverbrechen" angesprochen werden, dürfte diese Anzeigepflicht in der sozialen Arbeit keine Rolle spielen. Erfährt jemand in seiner Berufsrolle als nach § 203 StGB schweigepflichtige Person von einer begangenen Straftat, so kann eine Strafanzeige (§ 158 StPO) nur bei Vorliegen eines besonderen Rechtfertigungsgrundes für eine Geheimnisoffenbarung gestellt werden.

Weiterhin ist es staatsbürgerliche Pflicht, auf eine entsprechende Vorladung hin in gerichtlichen Verfahren als Zeuge zu erscheinen und auszusagen (BVerfG NJW 1988, 897, 898; vgl. etwa § 48 Abs. 1 S. 1 StPO). Dies gilt auch für Zeugenladungen im staatsanwaltschaftlichen Ermittlungsverfahren (§ 161 a Abs. 1 S. 1 StPO) und seit 2017 auch für Zeugenladungen vor Ermittlungspersonen der Staatsanwaltschaft, d.h. der Polizei (§ 163 Abs. 3 StPO). Die Landesregierungen bestimmen dabei die entsprechenden Beamten- und Angestelltengruppen, die Ermittlungspersonen der Staatsanwaltschaft sind, durch Rechtsverordnung (vgl. bspw. die „Hessische Verordnung über die Ermittlungspersonen der Staatsanwaltschaft", GVBl. I 2011, 582 vom 18.10.2011).

Die Zeugnispflicht rechtfertigt die Preisgabe von Geheimnissen im Sinne von § 203 StGB (LG Köln NStZ 2002, 332, 333) und geht damit dem Geheimnisschutz vor. Das Gegenteil gilt nur, wenn die Zeugnispflicht durch andere Regelungen aufgehoben ist. Dies ist bspw. dann der Fall, wenn das Prozessrecht ein Zeugnisverweigerungsrecht einräumt (vgl. Kap. 8.2 und 8.3). Wem ein solches Recht zur Seite steht, darf als Zeuge deshalb nur noch dann aussagen, wenn ein anderer Rechtfertigungsgrund (wie bspw. § 34 StGB) vorliegt.

Eine weitere Ausnahme von der Zeugnispflicht regelt § 35 Abs. 3 SGB I für Beschäftigte von Sozialleistungsträgern (§§ 35 Abs. 1 S. 1, 12 SGB I). Nach dieser Regelung besteht keine Zeugnispflicht, soweit eine Übermittlung von Sozialdaten (personenbezogene Daten – vgl. 67 Abs. 2 S. 1 SGB X i.V.m. Art. 4 Abs. 1 DS-GVO –, die von einer in § 35 SGB I genannten Stelle im Hinblick auf ihre Aufgaben nach diesem Gesetzbuch verarbeitet werden) durch den Sozialleistungsträger nicht zulässig ist. Individuell hat dies für die Beschäftigten von Sozialleistungsträgern kein Zeugnisverweigerungsrecht zur Folge, sondern ein Auskunftsverbot. Die Zulässigkeit der Übermittlung von Sozialdaten bestimmt sich nach den §§ 67 a ff SGB X. Die Übermittlung von Sozialdaten für die Durchführung eines Strafverfahrens durch Zeugen kommt danach in Frage,

- zur Erfüllung von Aufgaben der Polizeibehörden, der Staatsanwaltschaften und Gerichte (§ 68 Abs. 1 S. 1 SGB X);
- zur Durchführung eines Strafverfahrens, soweit es sich um ein Verbrechen, d.h. um eine mit einer Mindeststrafe von einem Jahr oder darüber bedrohte Straftat (§ 12 Abs. 1 StGB) oder um eine sonstige Straftat von erheblicher Bedeutung (vgl. Aufzählung in § 98 a Abs. 1 StPO) handelt (§ 73 Abs. 1 SGB X). Die Übermittlung muss vom Richter im Ermittlungs- oder im Hauptverfahren angeordnet werden (§ 73 Abs. 3 SGB X) und kann sich auch auf die Vernehmung von Fachkräften als Zeugen beziehen.

7.3.3 Spezialgesetzliche Offenbarungspflichten

Für die schweigepflichtigen Beschäftigten im Bereich der sozialen Arbeit gibt es etliche spezialgesetzliche Regelungen, die eine Weitergabe von Informationen betreffen und die sich auf Seiten von Geheimnisträgern als Offenbarungspflichten auswirken.

Dies gilt besonders für die Sozialen Dienste der Justiz. So hat die Gerichtshilfe an den staatsanwaltschaftlichen Ermittlungen sowie im Vollstreckungsverfahren mitzuwirken (§§ 160 Abs. 3, 463 d StPO). Da Gerichtshelfer im Auftrag von Gericht oder Staatsanwaltschaft tätig werden, sind sie verpflichtet, ihre Ermittlungsergebnisse der beauftragenden Stelle mitzuteilen. In dieser Mitteilungspflicht liegt zugleich die Befugnis zur Geheimnisoffenbarung. Die Jugendgerichtshilfe hat über die Erfüllung von Auflagen und Weisungen durch verurteilte Jugendliche zu wachen, wenn kein Bewährungshelfer bestellt ist. Erhebliche Zuwiderhandlungen müssen sie dem Gericht mitteilen (§ 38 Abs. 2 S. 6 JGG), was im Falle des Bestehens einer Schweigepflicht nach § 203 StGB eine Geheimnisoffenbarung rechtfertigt. Nach § 203 StGB schweigepflichtige Bewährungshelfer müssen über die Lebensführung der verurteilten Person an das Gericht berichten und gröbliche oder beharrliche Verstöße gegen Auflagen, Weisungen, Anerbieten oder Zusagen dem Gericht mitteilen (§ 56 d Abs. 3 S. 2 und 3 StGB). Die gleiche Pflicht trifft in der Führungsaufsicht als Bewährungshelfer Tätige (§ 68 a StGB). Die in einer forensischen Ambulanz (ambulante therapeutische Nachsorge im Anschluss an die Unterbringung im Maßregelvollzug oder an eine Behandlung im Strafvollzug) tätigen, nach § 203 StGB Schweigepflichtigen sind gem. § 68 a Abs. 8 S. 1 StGB verpflichtet, sich gegenseitig Geheimnisse verurteilter Personen mitzuteilen, wenn dies wegen einer besseren Rückfallvermeidung notwendig ist. § 68 a Abs. 8 S. 2 StGB gebietet darüber hinaus die Geheimnisoffenbarung gegenüber der Führungsaufsichtsstelle oder dem Gericht, wenn weitere führungsaufsichtliche Maßnahmen notwendig erscheinen. Im Bereich der sozialen Hilfen im Justizvollzug sind nach den meisten Strafvollzugsgesetzen der Länder Fachkräfte i. S. v. § 203 Abs. 1 Nr. 2 und 6 StGB zur Geheimnisoffenbarung gegenüber der Anstaltsleitung verpflichtet, soweit dies zur Aufgabenerfüllung der Vollzugsbehörde oder zur Abwehr erheblicher Gefahren erforderlich ist (vgl. beispielhaft § 182 Abs. 2 S. 2 StVollzG – Bund).

Bricht ein betäubungsmittelabhängiger Proband, der sich im Rahmen einer „Therapie statt Strafe"-Maßnahme nach § 35 BtMG in einer Einrichtung zur Drogenrehabilitation aufhält, die Behandlung ab, so haben die behandelnden Personen einen Therapieabbruch der Vollstreckungsbehörde mitzuteilen (§ 35 Abs. 4 Hs. 2 BtMG). Sollte eine der behandelnden Personen der Schweigepflicht nach § 203 StGB unterliegen, so stellt die o. g. Mitteilungspflicht eine Offenbarungsbefugnis dar.

 **Literatur**

Sauer, J. (2003): Was wissen wir über die berufliche Schweigepflicht in der Sozialen Arbeit? Recht der sozialen Dienste und Einrichtungen (RsDE), 55, 47–64.

7.4 Der praktische Fall: Schüler in Not

Der staatlich anerkannten Sozialarbeiterin Susi aus Fall 5.4 fällt auf, dass der ihr als unbeschwert bekannte Schüler Wolfgang (13 Jahre) in letzter Zeit sehr verschlossen und abweisend wirkt. Darauf angesprochen erklärt dieser, seine Probleme „gingen niemanden etwas an". Unbeabsichtigt hört Susi durch die nicht verschlossene Bürotür ein Gespräch mit, in welchem Wolfgang mit einem anderen Schüler über seine Rolle als bevorzugtes Opfer (Geld abliefern, Ohrfeigen, Drohungen) des Mitschülers Chris (16 Jahre) spricht. Jetzt habe Chris für nächste Woche 200 € von ihm gefordert und für den Fall, dass er nicht „liefere" oder ihn „verpfeife", damit gedroht, ihn „platt" zu machen. Chris steht kurz vor einem Schulverweis, weil er in einer Pause einen Knallkörper in eine Schülergruppe geworfen hat, wodurch eine Schülerin eine Trommelfellperforation erlitt. Susi sorgt sich um Wolfgang und fragt sich, ob sie – um weiteren Schaden von W. abzuwenden – das zufällig erlangte Wissen an die für die Verhängung von Disziplinarmaßnahmen zuständige Schulleitung weitergeben darf.

8 Zeugnisverweigerungsrechte

8.1 Schweigepflicht und Zeugnisverweigerungsrecht

Die in Kap. 6 dargestellte Schweigepflicht sichert den Akteuren der sozialen Arbeit eine gewisse professionelle Autonomie, indem sie eine inhaltliche Kontrolle der Tätigkeit durch Dritte verhindert und so die Arbeit staatlich anerkannter SozialarbeiterInnen und -pädagogInnen vor Einflussnahmen schützt. Dies gilt für Kontrollzugriffe Dienstvorgesetzter wie für Informationsanliegen sonstiger Dritter. Die staatsbürgerliche Pflicht, vor Gericht Zeugnis abzulegen, geht dem Geheimnisschutz allerdings vor. Schweigen dürfen Zeugen nur, wenn ihnen ein Zeugnisverweigerungsrecht zusteht.

8.1.1 Zeugnisverweigerungsrechte im Rechtsstaat

Ein strafprozessuales Zeugnisverweigerungsrecht stellt den Strafanspruch des Staates und die Belange einer funktionsfähigen Strafrechtspflege in Frage. Die Zubilligung eines Zeugnisverweigerungsrechts muss sich nach der Rspr. des BVerfG deshalb verfassungsrechtlich rechtfertigen lassen (BVerfG NJW 2012, 833, 841). Diese Rechtfertigung hat das BVerfG für SozialarbeiterInnen und -pädagogInnen verneint, da diese mangels gesetzlicher Berufs- und Standesregelungen und wegen des Fehlens einer Standesorganisation mit Sanktionsgewalt nicht hinreichend Gewähr dafür bieten würden, von einer Aussageverweigerungsbefugnis nur angemessenen Gebrauch zu machen (BVerfG NJW 1972, 2214, 2216 f.).

8.1.2 Zeugnisverweigerungsrechte für die soziale Arbeit

Angesichts dieser Rspr. scheiterten einige parlamentarische Anläufe, ein generelles strafprozessuales Zeugnisverweigerungsrecht für staatlich anerkannte SozialarbeiterInnen und -pädagogInnen einzuführen. Der Gesetzgeber wählte stattdessen einen funktionalen Ansatz, der ein strafprozessuales Zeugnisverweigerungsrecht unabhängig von einer bestimmten Berufsgruppenzugehörigkeit an die Tätigkeit für eine bestimmte Institution knüpft (dazu unten Kap. 8.2.1).

Die Notwendigkeit der besonderen verfassungsrechtlichen Rechtfertigung eines Zeugnisverweigerungsrechts gilt allerdings nur für den Strafprozess. Wo das Schweigen von Zeugen lediglich der Sachverhaltsaufklärung (bspw. im Zivilprozess) und damit dem allgemeinen Rechtsschutzgebot „im Wege steht", hat der Gesetzgeber der beruflichen Schweigepflicht Vorrang vor der Sachverhaltsaufklärung eingeräumt (dazu Kap. 8.3.1).

8.2 Zeugnisverweigerungsrechte im Strafprozess

Trotz der geschilderten Entwicklung lassen sich einige berufliche Situationen identifizieren, in denen SozialarbeiterInnen und -pädagogInnen sich auf ein strafprozessuales Zeugnisverweigerungsrecht berufen können.

8.2.1 Zeugnisverweigerungsrecht aus beruflichen Gründen

Nach § 53 Abs. 1 S. 1 Nrn. 3 a und 3 b StPO sind zur Verweigerung des Zeugnisses über das, was ihnen in dieser Eigenschaft anvertraut worden oder bekanntgeworden ist, berechtigt

- Mitglieder oder Beauftragte einer anerkannten Beratungsstelle nach den §§ 3 und 8 des Schwangerschaftskonfliktgesetzes;
- Berater für Fragen der Betäubungsmittelabhängigkeit in einer Beratungsstelle, die eine Behörde oder eine Körperschaft, Anstalt oder Stiftung des öffentlichen Rechts anerkannt oder bei sich eingerichtet hat.

Damit hat der Gesetzgeber von den in § 203 Abs. 1 Nr. 4 StGB genannten Schweigepflichtigen lediglich den Beratern für Suchtfragen und den nach § 203 Abs. 1 Nr. 5 StGB schweigepflichtigen Beschäftigten von Schwangerschaftskonfliktberatungsstellen ein Zeugnisverweigerungsrecht eingeräumt.

§ 53 a Abs. 1 S. 1 Nrn. 2 und 3 StPO erstreckt das Zeugnisverweigerungsrecht der genannten Beratungspersonen auch auf Personen, die im Rahmen einer berufsvorbereitenden Tätigkeit (Berufspraktikanten) oder einer sonstigen Hilfstätigkeit (Schreibkräfte) an deren Berufstätigkeit mitwirken.

Das Zeugnisverweigerungsrecht ist ein höchstpersönliches Recht und steht im individuellen Belieben der weigerungsberechtigen Personen. Es obliegt allein deren Entscheidung, ob sie sich nach Abwägung der widerstreitenden Interessen zur Aussage entschließen (BGH NJW 1963, 723). Die ausdrückliche Verweigerung einer Aussagegenehmigung durch den Angeklagten hat auf die Freiheit bei der Ausübung des Zeugnisverweigerungsrechts keinen Einfluss (BGH NJW 1961, 279). Werden allerdings Angehörige der in § 53 Abs. 1 Nr. 2 bis 3b StPO genannten Berufsgruppen (also auch DrogenberaterInnen und SchwangerschaftskonfliktberaterInnen) vom Angeklagten von der Verschwiegenheitspflicht entbunden, so sind sie zur Aussage verpflichtet (§ 53 Abs. 2 S. 1 StPO).

8.2.2 Aussagegenehmigung und Zeugnisverweigerung

Für alle im öffentlichen Dienst Beschäftigten (und nicht nur für die in § 53 Abs. 1 S. 1 Nrn. 3a und 3b StPO Genannten) ist bei einer strafprozessualen Zeugenvernehmung § 54 Abs. 1 StPO zu beachten. Unter der Überschrift „Aussagegenehmigung für Angehörige des öffentlichen Dienstes" wird dort geregelt, dass für eine Zeugenvernehmung von Beamten und anderen Personen des öffentlichen Dienstes (Angestellte) über Umstände, auf die sich ihre Pflicht zur Amtsverschwiegenheit (diese folgt für Landesbeamte aus § 37 BeamtStG und für Angestellte im öffentlichen Dienst aus den §§ 3 Abs. 1 TVöD, 3 Abs. 2 TV-L, 3 Abs. 2 TV-H) bezieht, die besonderen beamtenrechtlichen Vorschriften gelten. Diese sind in den §§ 68 Abs. 1 BBG, 37 Abs. 4 BeamtStG zu finden. Danach darf die Genehmigung, als Zeugin oder Zeuge auszusagen, nur versagt werden, wenn die Aussage dem Wohl des Bundes oder eines deutschen Landes erhebliche Nachteile bereiten oder die Erfüllung öffentlicher Aufgaben ernstlich gefährden oder erheblich erschweren würde.

Einer im öffentlichen Dienst angestellten Sozialpädagogin wurde die Genehmigung zur Aussage in einem Strafprozess wegen Gewalttätigkeiten in einer Familie, die sie als Mitarbeiterin des Allgemeinen Sozialdienstes betreut hatte, verweigert. Zur Begründung wurde ausgeführt, eine Aussage würde die Erfüllung der Aufgaben des Jugendamtes ernsthaft gefährden (nach BGH NStZ 2001, 656).

Wenn die Verwaltungsbehörde eine Aussagegenehmigung für die Vernehmung eines Zeugen in der Hauptverhandlung aus Gründen des § 54 StPO i. V.m. § 37 I BeamtStG endgültig verweigert hat, so ist dieser ein „unerreichbares Beweismittel" im Sinne des § 244 Abs. 3 StPO (BGH NStZ 1984, 36, 38).

8.2.3 Verfassungsunmittelbares Zeugnisverweigerungsrecht

Der Zeugniszwang wird ausnahmsweise durch Art. 1 Abs. 1, 2 Abs. 1 GG begrenzt, wenn die Zeugenvernehmung wegen der Eigenart des Beweisthemas in einen grundrechtlich geschützten Bereich der privaten Lebensgestaltung eingreifen würde (grundsätzlich anerkannt durch BVerfG NStZ 1988, 418; s. a. BVerfG NJW 2007, 1865, 1867 und OLG Koblenz NStZ-RR 2008, 283). Bei sozialarbeiterischen Berufsvollzügen greift ein solches verfassungsunmittelbares Zeugnisverweigerungsrecht jedoch nicht bereits aufgrund eines „typischen Berufsbild[s]" (BVerfG NJW 1988, 2945). Unter Würdigung des Einzelfalls wurde von der Rspr. ein verfassungsrechtliches Zeugnisverweigerungsrecht im Strafprozess für eine Mitarbeiterin einer Baby-Klappe verneint (LG Köln NJW 2002, 909 f.), für eine in einer Anlaufstelle für sexuell missbrauchte Frauen tätige Psychologin hingegen bejaht (LG Freiburg NJW 1997, 813 f.).

8.3 Zeugnisverweigerungsrechte in sonstigen Verfahren

8.3.1 Zeugnisverweigerungsrecht im Zivilprozess

Im Zivilprozessrecht räumt § 383 Abs. 1 Nr. 6 ZPO allen Personen, denen kraft ihres Amtes Tatsachen anvertraut sind, deren Geheimhaltung durch ihre Natur oder durch gesetzliche Vorschrift geboten ist, bezüglich dieser Tatsachen ein Zeugnisverweigerungsrecht aus persönlichen Gründen ein. Eine der gesetzlichen Vorschriften, die Geheimhaltung gebietet, ist § 203 StGB. Diese im Vergleich zum Strafprozessrecht umfassende Einräumung eines Zeugnisverweigerungsrechts für Schweigepflichtige lässt sich mit dem größeren Gewicht des Schutzes von Privatgeheimnissen gegenüber dem zivilprozessualen Feststellungsinteresse erklären (OLG Hamm NJW-RR 1992, 583, 384).

Wie im Strafprozess bedarf die Vernehmung von Beamten und anderen Personen des öffentlichen Dienstes als Zeugen über Umstände, auf die sich ihre Pflicht zur Amtsverschwiegenheit bezieht, einer Aussagegenehmigung nach den besonderen beamtenrechtlichen Vorschriften (§ 376 Abs. 1 ZPO). Zu Einzelheiten kann auf die Ausführungen unter Kap. 8.2.2 verwiesen werden.

8.3.2 Zeugnisverweigerungsrechte nach sonstigen Prozessordnungen

Die zivilprozessualen Regelungen zum Zeugnisverweigerungsrecht und über die Vernehmung bei Amtsverschwiegenheit gelten auch für Prozesse in arbeits-, sozial- und verwaltungsgerichtlichen Streitigkeiten sowie für Verfahren in Familiensachen und in den Angelegenheiten der freiwilligen Gerichtsbarkeit (§§ 46 Abs. 2 S. 1 ArbGG i. V. m. § 495 ZPO, 118 Abs. 1 S. 1 SGG, 98 VwGO, 29 Abs. 2 FamFG).

8.3.3 Zeugnisverweigerungsrecht im Verwaltungsverfahren

Die Vernehmung von Zeugen gehört zu den zulässigen Beweismitteln im Verwaltungsverfahren (§§ 21 Abs. 1 S. 2 Nr. 2 SGB X, 26 Abs. 1 S. 2 Nr. 2 VwVfG). Anders als in Gerichtsverfahren besteht im Verwaltungsverfahren eine Zeugnispflicht nur dann, wenn sie durch Rechtsvorschrift ausdrücklich vorgesehen ist (§§ 21 Abs. 3 S. 1 SGB X, 26 Abs. 3 S. 1 VwVfG). In dem für die soziale Arbeit relevanten Sozialverwaltungsverfahren besteht eine solche Pflicht bspw. dann, wenn die Aussage zur Entscheidung über die Entstehung, Erbringung, Fortsetzung, das Ruhen, die Entziehung oder den Wegfall einer Sozialleistung sowie deren Höhe unabweisbar ist (§ 21 Abs. 3 S. 2 SGB X). Unabweisbar erforderlich ist eine Zeugenaussage, wenn andere Beweismittel nicht vorhanden oder nicht zur abschließenden Klärung des Anspruchs auf Sozialleistung geeignet sind. Dies gilt bereits dann, wenn andere Arten der Beweiserhebung einen unverhältnismäßigen zeitlichen oder finanziellen Aufwand erfordern würden (Mutschler in: KassKomm 2018, § 21 SGB X Rn.17). Besteht eine Zeugnispflicht, so gelten die Vorschriften der ZPO über das Recht, ein Zeugnis zu verweigern, sowie über die Vernehmung von Angehörigen des öffentlichen Dienstes als Zeugen entsprechend (§ 21 Abs. 3 S. 3 SGB X).

 **Literatur**

Riekenbrauk, K. (2009): Schweigepflicht – Datenschutz – Zeugnisverweigerungsrecht. In: Cornel (Hg.), S. 521–550

8.4 Der praktische Fall: Das Jobcenter als „verlängerter Arm" der Polizei?

Die staatlich anerkannte Sozialpädagogin Paula arbeitet als persönliche Ansprechpartnerin in einem Jobcenter. Einer ihrer Klienten ist Herr Müller, ein junger Mann mit „multiplen Vermittlungshemmnissen" (Überschuldung, fehlender Schulabschluss), mit dem sie gerade am Abschluss einer Eingliederungsvereinbarung arbeitet. Eines Tages wird sie von der Polizei vorgeladen.

Sie soll Angaben darüber machen, an welchen Tagen und zu welcher Uhrzeit Herr Müller im letzten Monat bei ihr im Jobcenter vorgesprochen habe. Es gehe um die Überprüfung von Angaben, die dieser in einem Ermittlungsverfahren gemacht hat. Paula befürchtet, eine Aussage gegenüber der Polizei würde die positiven Ansätze, die Herr Müller gezeigt hat, und das gerade entstehende Arbeitsbündnis mit dem Klienten zerstören. Muss Paula der Vorladung der Polizei folgen und die geforderten Angaben machen?

9 Die zivilrechtliche Aufsichtspflicht

Die Themen Aufsichtspflicht und dadurch gegebenenfalls auch Haftung und Schadensersatz sind im Bereich der Sozialen Arbeit von erheblicher Bedeutung (Kievel et al. 2018, Kap. 10.A.). Haftungsgesichtspunkte können zum Beispiel relevant werden bei einer Fehlberatung in einer Schuldnerberatungsstelle oder in einem anderen Feld der Sozialberatung, bei der Schädigung von KlientInnen in einer sozialen Einrichtung und insbesondere bei der Arbeit mit Kindern und Jugendlichen etwa in Kindertagesstätten, Heimen oder auch in den Bereichen Jugendarbeit und Jugendfreizeit. Auch mit Blick auf die Eltern oder LehrerInnen in der Schule stellen sich vielfältige Fragen im Zusammenhang mit der Aufsichtspflicht über Kinder sowie eventuelle Haftungsfragen.

Das zivilrechtliche Haftungsrecht ist im Wesentlichen in den §§ 823 bis 853 BGB geregelt und wird terminologisch uneinheitlich als Schadensersatzrecht, Recht der unerlaubten Handlungen oder Deliktsrecht bezeichnet (Wabnitz 2018, Kap. 6.1).

Die Grundnorm im System der Haftung für unerlaubte Handlungen ist § 823 Abs. 1 BGB mit der Verpflichtung zum Schadensersatz durch den, der (selbst!) vorsätzlich oder fahrlässig das Leben, den Körper, die Gesundheit, die Freiheit, das Eigentum oder ein sonstiges Recht eines anderen widerrechtlich verletzt. Wichtig für die Soziale Arbeit sind darüber hinaus die Vorschriften über den Ersatz von Schäden, die von Dritten (!) verursacht worden sind: nämlich gemäß § 831 BGB (Haftung für den „Verrichtungsgehilfen") und insbesondere gemäß § 832 BGB (Haftung des Aufsichtspflichtigen); die zuletzt genannte Vorschrift steht im Mittelpunkt der Ausführungen in diesem Kapitel. Die folgende Übersicht gibt zunächst einen Überblick über die Voraussetzungen einer Haftung gemäß § 832 BGB (entnommen aus Wabnitz 2015, 139, Übersicht 61):

Voraussetzungen einer Haftung gemäß § 832 BGB

Übersicht 15

1. Es besteht eine Aufsichtspflicht
1.1 aufgrund Gesetz (vgl. §§ 1626 I, 1631 I; 1793, 1800 BGB; Schulrecht) oder
1.2 aufgrund eines Vertrages (abzugrenzen vom Gefälligkeitsverhältnis)

2. gegenüber einer Person, die wegen Minderjährigkeit oder wegen ihres geistigen oder körperlichen Zustands der Beaufsichtigung bedarf.

3. Die aufsichtsbedürftige Person fügt Dritten einen Schaden zu, und zwar

4. widerrechtlich.

5. Die aufsichtspflichtige Person kann nicht nachweisen, dass
5.1 sie ihrer Aufsichtspflicht genügt hat oder
5.2 dass der Schaden auch bei gehöriger Aufsichtsführung entstanden wäre.

Rechtsfolge: Schadensersatz gemäß §§ 249 ff. BGB

9.1 Entstehung der Aufsichtspflicht

Die folgende Übersicht informiert über die Voraussetzungen zum Entstehen der Aufsichtspflicht (vgl. auch Dieball/Lehmann 2014, Kap. 2.1; Trenczek et al. 2018, Kap. V 1.2.1):

Entstehen der Aufsichtspflicht

Übersicht 16

1. gegenüber (minderjährigen) Kindern und Jugendlichen:
1.1 immer bis zur Volljährigkeit,
1.2 im Umfang je nach Alter und Entwicklungsstand und abhängig von der konkreten Situation;

2. gegenüber Volljährigen nur ausnahmsweise:
2.1 bei besonderer Hilfebedürftigkeit,
2.2 abhängig vom geistigen/körperlichen Zustand.

3. Aufsichtspflichtig sind Personen
3.1 aufgrund gesetzlicher Regelungen oder
3.2 vertraglicher Vereinbarungen;
3.3 ggf. aufgrund einer Delegation etwa vom Träger einer Einrichtung auf MitarbeiterInnen.

9.1.1 Gesetzliche Aufsichtspflichten

„Wer kraft Gesetzes zur Führung der Aufsicht über eine Person verpflichtet ist", ist gemäß § 832 Abs. 1 Satz 1 BGB „zum Ersatz des Schadens verpflichtet, den diese Person einem Dritten widerrechtlich zufügt". Zum Entstehen einer solchen „gesetzlichen Aufsichtspflicht" siehe Übersicht 17 (vgl. auch Dieball/Lehmann 2014, Kap. 2.1; Trenczek et al. 2018, Kap. V 1.2.1):

Gesetzliche Aufsichtspflichten haben:

1. Personensorgeberechtigte Eltern (auch: Adoptiveltern) gegenüber ihren Kindern (§ 1631 Abs. 1 BGB)
2. Vormünder (§§ 1793, 1800 i. V. m. 1631 Abs. 1 BGB)
3. Personen im Rahmen einer Pflegschaft (§§ 1909, 1915 i.V.m. 1631 Abs. 1 BGB)
4. Ausbildende Personen gegenüber minderjährigen Auszubildenden (§§ 6, 9 Berufsbildungsgesetz)
5. Lehrkräfte für minderjährige SchülerInnen (nach den jeweiligen Landesschulgesetzen)
6. in öffentlichen Heil- und Pflegeanstalten tätige Personen für minderjährige und ggf. volljährige Pflegebedürftige (je nach Landesrecht)
Keine Aufsichtspflichten bestehen für: Beistände (§ 1712 BGB), Gegenvormünder (§ 1792 BGB), Betreuer (§ 1897 BGB) sowie für Eltern volljähriger Kinder.

Übersicht 17

Gesetzliche Aufsichtspflichten entstehen also unmittelbar aufgrund einer gesetzlichen Regelung des Bundes- oder Landesrechts, ohne dass es auf das Einverständnis der jeweiligen Person ankommt (Dieball/Lehmann 2014, Kap. 2.2; Schleicher et al. 2014, Kap. 2 B I; Schulze HkBGB 2017, § 832 Rn. 7).

Haben beide Eltern das gemeinsame Personensorgerecht, sind sie unabhängig von der internen Aufgabenverteilung gleichberechtigt aufsichtspflichtig. Anders ist es bei geschiedenen oder getrennt lebenden Elternteilen mit fortbestehender gemeinsamer Personensorge: Dort liegt die Aufsichtspflicht gemäß § 1687 Abs. 1 BGB bei demjenigen Elternteil, bei dem sich das Kind rechtmäßig aufhält (Dieball/Lehmann 2014 a.a.O.).

9.1.2 Vertragliche Aufsichtspflichten

Gemäß § 832 Abs. 2 BGB trifft „die gleiche Verantwortlichkeit [wie bei gesetzlichen Aufsichtspflichten nach § 832 Abs. 1 BGB; Kap. 9.1.1] denjenigen, welcher die Führung der Aufsicht durch Vertrag übernimmt." Diese Übernahme der Verantwortlichkeit kann sich aus einer expliziten vertraglichen Vereinbarung oder auch konkludent (stillschweigend) oder aus der „Natur der Sache" ergeben. Sie benötigt keine spezielle Form (zum Ganzen: Dieball/Lehmann 2014, Kap. 2.3; Schleicher et al. 2014, Kap. 2 B II; Schulze HkBGB 2017, § 832 Rn. 8).

Üblicherweise verfügen Einrichtungen, die Aufsichtsbedürftige betreuen, über schriftliche Verträge aufgrund von Vertragsmustern. Auf deren Grundlage besteht regelmäßig eine weitreichende Obhut von längerer Dauer und mit weitgehenden Einwirkungsmöglichkeiten z. B. von Erziehungspersonal in Tageseinrichtungen für Kinder, in Heimen der Kinder- und Jugendhilfe oder bei Jugenderholungsmaßnahmen, aber auch von Pflegeeltern und Tagesmüttern.

Gemäß § 1688 Abs. 1 und 2 BGB haben Pflegepersonen sowie das in Heimen im Rahmen von Hilfe zur Erziehung nach den §§ 34, 35 und 35 a Abs. 1, Abs. 2 Nr. 3 und 4 SGB VIII tätige Erziehungs- und Betreuungspersonal Befugnisse zur Entscheidung in „Angelegenheiten des täglichen Lebens" und sind qua Vertrag aufsichtspflichtig. Im Falle des teilweisen oder vollständigen Entzugs der elterlichen Sorge nach § 1666 Abs. 3 Nr. 6 BGB ist diejenige Person aufsichtspflichtig, die vom Familiengericht die elterliche Sorge übertragen bekommen hat – wie etwa Pflegeeltern, die Heimleitung oder das Jugendamt. Bei einer Inobhutnahme von Kindern und Jugendlichen nach § 42 SGB VIII ist das Jugendamt bis zum Abschluss der Maßnahme aufsichtspflichtig (Dieball/Lehmann 2014 a. a. O.).

Wichtig bei der vertraglichen Übernahme der Aufsichtspflicht ist, dass der Vertrag zwischen den jeweils hierzu Berechtigten geschlossen worden ist. Auf der Seite des zu Beaufsichtigenden muss der Vertrag also entweder von ihm selbst mit Zustimmung seiner gesetzlichen Vertreter oder von diesen abgeschlossen worden sein. Auf der anderen Seite muss eine natürliche Person für sich selbst oder mit Zustimmung ihrer gesetzlichen Vertreter (berechtigterweise) für die jeweilige Institution tätig geworden sein (Schleicher et al. 2014 a. a. O.).

9.1.3 Keine Gefälligkeitsaufsicht

Allerdings muss für die Übernahme einer Aufsichtspflicht durch Vertrag gemäß § 832 Abs. 2 BGB der Wille zur Übertragung der Aufsichtspflicht klar erkennbar geworden sein; es darf sich nicht um eine reine „Gefälligkeitsaufsicht" handeln. Entsprechendes gilt mit Blick auf den- oder diejenigen, bei denen sich z. B. das Kind im Einverständnis mit seinen Eltern aufhält. Das Vorliegen eines solchen „rechtsgeschäftlichen Übernahmewillens" ist anhand der Einzelfallumstände zu ermitteln; entscheidend ist, ob eine entsprechende „Zuständigkeit" für die Aufsichtsführung begründet werden sollte (Schulze HkBGB 2017, § 832 Rn. 8). Die kurze Überlassung eines Kindes an Freunde oder Verwandte „aus Gefälligkeit", auch wenn dieses mehrfach geschieht, genügt grundsätzlich nicht. Dies ist ständige Rechtsprechung seit Ende der 1960er Jahre (Schulze HkBGB 2017 unter Bezugnahme auf BGH NJW 1968, 1874; Dieball/Lehmann 2014, Kap. 2.3, unter Bezugnahme auf BGH VersR 1968, 1043; Wabnitz 2018 – Fall 10: „Der fliegende Blumentopf").

Auch bei einem wechselseitigen Einverständnis der Eltern, dass ihre Kinder häufiger miteinander in den jeweiligen Wohnungen spielen dürfen, handelt es sich nur um eine Gefälligkeit ohne einen rechtsgeschäftlichen Bindungswillen in dem gekennzeichneten Sinne. Das heißt, dass zwischen den Eltern regelmäßig kein Aufsichtsführungsvertrag im Hinblick auf die Kinder zustande kommt und die Eltern, bei denen die Kinder spielen, grundsätzlich nicht auf Schadensersatz gemäß § 832 Abs. 1 Satz 1, Abs. 2 BGB in Anspruch genommen werden können.

9.2 Inhalt und Umfang der Aufsichtspflicht

In § 832 BGB wird nur die Rechtsfolge von Aufsichtspflichtverletzungen (nämlich: die Verpflichtung zum Schadensersatz) geregelt, jedoch nicht Inhalt und Umfang von Aufsichtspflichten. Da dies mit Blick auf die Vielzahl von Fällen und Situationen in allgemeiner Form verbindlich auch gar nicht festgelegt werden kann, hat es der Gesetzgeber der Rechtsprechung überlassen, im konkreten Fall Inhalt, Umfang und Grenzen der Aufsichtspflicht zu bestimmen (Trenczek et al. 2018, Kap. V 1.2.4).

9.2.1 Inhalt der Aufsichtspflicht

In der folgenden Übersicht sind die Inhalte der Aufsichtspflicht zusammengefasst (s. a. Dieball/Lehmann 2014, Kap. 3.1; Schleicher et al. 2014, Kap. 2 C. I).

> **Zum Inhalt von Aufsichtspflichten** *Übersicht 18*
>
> **1.** Die Aufsichtspflicht beinhaltet eine doppelte Verpflichtung:
> 1.1 die zur Aufsicht anvertrauten Personen vor Schäden jeder Art zu bewahren, die ihnen andere Personen und sie sich selbst zufügen könnten;
> 1.2 zu verhindern, dass andere Personen („Dritte") durch die zur Aufsicht anvertrauten Personen einen Schaden erleiden.
>
> **2.** Dabei spielen die Grundrechte sowie an anderer Stelle in Gesetzen verankerte Erziehungsleitbilder eine wichtige Rolle:
> 2.1 die Grundrechte auf freie Entfaltung der Persönlichkeit gemäß Art. 2 Abs. 1 GG und auf Leben und körperliche Unversehrtheit gemäß Art. 2 Abs. 2 Satz 1 GG,
> 2.2 das Leitbild der Personensorge gemäß § 1626 Abs. 2 BGB (mit Bezug auf Art. 6 Abs. 2 GG; ähnlich § 9 Nr. 2 SGB VIII): Berücksichtigung der wachsenden Fähigkeit und des wachsenden Bedürfnisses des Kindes zu selbstständigem und verantwortungsbewusstem Handeln durch die Eltern bei der Pflege und Erziehung des Kindes und
> 2.3 das Recht junger Menschen auf Förderung ihrer Entwicklung und auf Erziehung zu einer eigenverantwortlichen und gemeinschaftsfähigen Persönlichkeit (§ 1 Abs. 1 SGB VIII).

9.2.2 Umfang der Aufsichtspflicht

Als allgemeine Richtschnur betreffend Umfang und Grenzen der Aufsichtspflicht gilt folgender Maßstab: Die aufsichtspflichtige Person hat das zu tun oder zu unterlassen, was von einer verständigen aufsichtspflichtigen Person in einer entsprechenden Situation und nach den Umständen des Einzelfalles vernünftiger- und billigerweise verlangt werden könnte (Trenczek et al. 2018, Kap. V 1.2.4, unter Bezugnahme auf die Rechtsprechung des BGH NJW 1984, 2574; 1993, 1103; 1996, 1404). Unter Bezugnahme auch auf den „gesunden Menschenverstand" (Trenczek et al. 2018, a.a.O.) wird es dabei häufig um die in Übersicht 19 dargestellten Faktoren gehen:

94 Die zivilrechtliche Aufsichtspflicht

Faktoren, die den Umfang der Aufsichtspflicht bestimmen:

Übersicht 19

1. die aufsichtspflichtige Person selbst, insbesondere deren Alter, Reifegrad, Charakter, Gruppenverhalten, ggf. „frühere Auffälligkeiten" und zuvor gemachte Erfahrungen

2. ggf. die Gruppengröße

3. die Gefährlichkeit der Beschäftigung, insbesondere die Art von Spiel- und Beschäftigungsgeräten

4. die örtliche Umgebung

5. die Anzahl, Qualifikationen, Fähigkeiten und pädagogischen Erfahrungen der Aufsichtspersonen

6. das pädagogische Ziel der Erziehung zur Selbständigkeit unter Berücksichtigung der Entwicklungsbedürfnisse der Minderjährigen

Gerade das letztgenannte Ziel bestimmt Umfang und Intensität der zu treffenden Aufsichtsmaßnahmen mit; (Trenczek et al. 2018, a.a.O., unter Bezugnahme auf BGH NJW 1976, 1684). Ein steigendes Maß an Freiheit bei zunehmendem Alter ist für die Entwicklung junger Menschen notwendig; dabei müssen unter Umständen auch (beherrschbare!) Gefahren in Kauf genommen werden.

Vor diesem Hintergrund kommen je nach den besonderen Umständen des Einzelfalles folgende Maßnahmen der aufsichtspflichtigen Personen in Betracht, die ggf. „gestuft", flexibel und „verhältnismäßig" gestaltet und erforderlichenfalls dokumentiert werden sollten:

Mögliche Aufsichtsmaßnahmen

Übersicht 20

1. Information und Aufklärung, Hinweis auf Gefahren

2. Absprachen, Treffen klarer Regelungen

3. Belehrungen, Ermahnungen

4. Gebote und Verbote

5. Überprüfung der Gefahrenquellen

6. Beobachtung der getroffenen Maßnahmen und Durchführung von Kontrollen

7. Unterbindung von Gefahren, etwa durch Wegnahme und sichere Verwahrung gefährlicher Gegenstände

8. Inanspruchnahme der Hilfe anderer

9. Hinzuziehung spezifisch qualifizierter Betreuungspersonen, etwa bei besonderen erlebnispädagogischen Aktionen

10. erforderlichenfalls Abbruch einer Veranstaltung oder Maßnahme

9.2.3 Delegation der Aufsichtspflicht

Während die Delegation von durch Einzelvertrag übernommenen Aufsichtspflichten als persönliche Verpflichtungen grundsätzlich unzulässig ist, ist die Delegation von Aufsichtspflichten in sozialen Einrichtungen weit verbreitet und liegt dort gleichsam „in der Natur der Sache" (Schleicher et al. 2014, Kap. 2 II. 3.). Auch die Delegation von Aufsichtspflichten etwa auf PraktikantInnen, StudentInnen oder auf ehrenamtliche BetreuerInnen kann zulässig sein, wenn diese in entsprechender Weise darauf vorbereitet worden sind. Voraussetzung ist, dass die betreffende Person zur Übernahme der Aufsicht bereit, dafür geeignet und damit nicht überfordert ist und dass sie hinreichend angeleitet wird (Trenczek et al. 2018, Kap. V 1.2.5). Die Delegation der Aufsichtspflicht an insoweit ungeeignete Personen stellt eine Aufsichtspflichtverletzung dar und führt zur Haftung des Trägers, wenn es dadurch zu einem Schaden kommt (Dieball/Lehmann 2014, Kap. 3.3.).

9.3 Aufsichtspflichtverletzung und Exkulpation

Kommt es aufgrund einer Aufsichtspflichtverletzung zur rechtswidrigen Verursachung eines Schadens, kann dies zivilrechtliche, strafrechtliche und arbeits- oder dienstrechtliche Konsequenzen haben (siehe auch Fall 14.4). Im Folgenden wird auf mögliche zivilrechtliche Konsequenzen eingegangen.

9.3.1 Verletzung der Aufsichtspflicht

Eine Aufsichtspflicht wird verletzt, wenn sie nicht nach den unter 9.2 dargestellten Maßstäben betreffend Inhalt, Umfang und Grenzen der Aufsichtspflicht wahrgenommen worden ist. Für jede Person, die nach § 832 BGB kraft Gesetzes oder Vertrages zur Führung der Aufsicht über Minderjährige oder sonstige der Aufsicht bedürftige Personen verpflichtet ist, stellt sich deshalb die Frage, mit welchen zivilrechtlichen Konsequenzen zu rechnen ist. Bei realistischer Betrachtung ist nämlich grundsätzlich nicht auszuschließen, dass Aufsichtspflichtige Fehler machen, die Aufsichtspflichtverletzungen darstellen und Schäden verursachen können, sodass ggf. eine Verpflichtung zum Schadensersatz entsteht (Schleicher et al. 2014, Kap. 2. D. I.). Von daher empfiehlt sich im Übrigen regelmäßig auch der Abschluss einer privaten Haftpflichtversicherung oder einer solchen durch den Träger von Einrichtungen und Diensten der Sozialen Arbeit (Kap. 13.1).

9.3.2 Entlastungsbeweis (Exkulpation)

Die Verpflichtung zum Schadensersatz tritt gemäß § 832 Abs. 1 Satz 2 BGB allerdings nicht ein, wenn ein sogenannter „Entlastungsbeweis" geführt wird, sich die aufsichtspflichtige Person also „exkulpieren" kann (von lateinisch: culpa/Schuld). Dies ist in zwei Fällen möglich (Übersicht 21).

> **Möglicher Entlastungsbeweis (Exkulpation), wenn:**
>
> 1. der Aufsichtspflichtige seiner Aufsichtspflicht genügt hat (§ 832 Abs. 1 Satz 2, 1. Alt. BGB) oder
>
> 2. der Schaden auch bei „gehöriger" Aufsichtsführung entstanden sein würde (§ 832 Abs. 1 Satz 2, 2. Alt. BGB).

Übersicht 21

Die erste Alternative ist erfüllt, wenn der Aufsichtspflichtige sich so verhalten hat, wie dies im konkreten Fall entsprechend den Maßstäben nach Kap. 9.2.1 und 9.2.2 (Inhalt, Umfang und Grenzen der Aufsichtspflicht) geboten und unter pädagogischen Gesichtspunkten zumutbar war.

Die zweite gesetzliche Alternative betrifft den Fall „mangelnder haftungsbegründender Kausalität" zwischen Aufsichtspflichtverletzung und Schadenseintritt (Schulze HkBGB 2017, §832 Rn. 12). Dabei muss der Aufsichtspflichtige bei beiden gesetzlichen Alternativen darlegen und beweisen, was er zur Erfüllung der Aufsichtspflicht unternommen hat bzw. dass der Schaden auch bei „gehöriger" Aufsichtsführung (wiederum nach den Maßstäben nach Kap. 9.2.1 und 9.2.2) entstanden wäre (Dieball/Lehmann 2014, Kap. 5.7; Schulze HkBGB 2017, §832 Rn. 11).

9.3.3 Schadensersatzpflichten

Gemäß §832 Abs. 1 Satz 1 sowie Abs. 2 BGB besteht bei Vorliegen der gesetzlichen Voraussetzungen die Verpflichtung zum Ersatz des entstandenen Schadens, den die zu beaufsichtigende Person einem Dritten widerrechtlich zugefügt hat. Inhalt und Umfang der Schadensersatzpflicht bestimmen sich nach den §§249 ff. sowie ergänzend nach den §§842 ff. BGB (Schulze HkBGB 2017, §823 Rn. 85).

 Literatur

Dieball, H., Lehmann, M. K.-H. (2014): Basiswissen zu Aufsichtspflicht, Haftung und Garantenstellung – Grundlegender Leitfaden für die Arbeit mit Kindern und Jugendlichen. Schöneworth, Dähre

Fischer, M. (2015): Aufsichtspflicht und Haftung, Datenschutz. In: Wabnitz et al. (Hrsg.), 138–148

Kievel, W., Knösel, P., Marx, A., Sauer, J. (2018): Recht für soziale Berufe. Basiswissen kompakt. 8. Aufl. Luchterhand, Köln

Schleicher, H., Winkler, J., Küppers, D. (2014): Jugend- und Familienrecht. 14. Aufl. C. H. Beck, München

Schulze, R. (2017): Bürgerliches Gesetzbuch. Handkommentar. 9. Aufl. Nomos, Baden-Baden

Trenczek, T., Tammen, B., Behlert, W., von Boetticher, A. (2018): Grundzüge des Rechts. Studienbuch für soziale Berufe. 5. Aufl. Ernst Reinhardt, München

Wabnitz, R. J. (2015): Grundkurs Bildungsrecht für Pädagogik und Soziale Arbeit. Ernst Reinhardt, München

Wabnitz, R. J. (2018): Grundkurs Recht für die Soziale Arbeit. 4. Aufl. Ernst Reinhardt, München

9.4 Der praktische Fall: Der sportliche Vater und Übungsleiter

Der sportliche Vater Viktor hat zwei Söhne: Anton (fünf Jahre alt) und Ben (14 Jahre alt). Viktor ist zudem Übungsleiter im örtlichen Sportverein und Betreuer bei Ferienfreizeitmaßnahmen von Kindern und Jugendlichen des Vereins. Bestehen in den folgenden Fällen Verpflichtungen zum Ersatz des Schadens, der jeweils Dritten zugefügt worden ist?

1. Da Viktor rasch zum Training im Sportverein fahren muss, gibt er – wie schon häufig geschehen – Anton bei seiner Mutter, Antons Großmutter, ab. Aus deren Wohnzimmer wirft Anton, als sich die Großmutter gerade in der Küche aufhält, zum Spaß eine Blumenvase aus dem Fenster, die den Passanten Peter am Kopf verletzt. Ist die Großmutter/Viktor schadensersatzpflichtig?
2. Viktor ist auch passionierter Sportschütze und hat Ben früh mit Waffen vertraut gemacht. Eines Tages nimmt Ben eine Pistole aus Viktors Waffenschrank, nachdem er beobachtet hatte, dass Viktor den Schlüssel zum Waffenschrank in seine Nachttischschublade gelegt hatte. Um seinen Mitschülern zu imponieren, nimmt Ben die Pistole mit in die Schule. Als sich versehentlich ein Schuss löst, verletzt eine Pistolenkugel die Mitschülerin Maria am Bein. Ist Viktor schadensersatzpflichtig?
3. Während einer einwöchigen Ferienfreizeit für die sieben- bis zwölfjährigen Kinder des Sportvereins findet an einem Nachmittag unter der Leitung von Viktor ein Minigolfspiel statt. Viktor weist die Kinder auf die Spielregeln und auf die Gefährlichkeit der Benutzung der Minigolfschläger hin, beobachtet sodann aber das Spiel aus einer Entfernung von 100m. Ein Kind schlägt mit dem Schläger plötzlich um sich und verletzt Kathrin, ein anderes Kind, am Kopf. Ist Viktor gegenüber Kathrin schadensersatzpflichtig?
4. An einem Abend bringt Viktor die Kinder im Gemeinschaftsschlafzimmer der Freizeiteinrichtung wie bereits an den Vorabenden um 20:00 Uhr zu Bett. Nachdem er sich davon überzeugt hat, dass alle Kinder eingeschlafen sind, geht er in eine in der Nähe gelegene Gaststätte. Bei seiner Rückkehr in die Freizeiteinrichtung stellt sich heraus, dass das siebenjährige Mädchen Mia so unglücklich aus dem Bett gefallen ist, dass Mia sich den Arm gebrochen hat. Ist Viktor gegenüber Mia schadensersatzpflichtig?

10 Strafrechtliche Aufsichtspflichten

Verletzungen von Aufsichtspflichten können nicht nur zivilrechtliche Folgen haben (zumeist: Schadensersatz) oder arbeitsrechtliche Konsequenzen nach sich ziehen (etwa: Abmahnung oder Kündigung), sondern auch zu strafrechtlichen Verurteilungen führen (siehe auch Fall 14.4). Auf den letztgenannten Aspekt wird in diesem Kapitel eingegangen.

10.1 Strafrechtliche Verantwortlichkeit

10.1.1 Zielsetzungen und Rechtsquellen des Strafrechts

Strafrecht hat mit Verboten, Geboten und Sanktionen zu tun. Der Staat stellt bestimmtes sozial schädliches Verhalten unter Strafe, wobei der Staat Inhaber des Strafmonopols ist und dem Bürger in einem besonders markanten Verhältnis der Über- und Unterordnung gegenübertritt. Über die Funktion(en) des Strafrechts und die verschiedenen Strafzwecke gab und gibt es unterschiedliche Auffassungen, die sich im Laufe der Zeit verändert haben. Während früher Vergeltung und Sühne im Vordergrund standen, waren es später Abschreckung und Prävention sowie Resozialisierung von Straftätern, in den letzten Jahren auch verstärkt der Opferschutz (vgl. Oberlies 2013, Kap. 1.2.1; Kindhäuser et al. 2017, Vor § 1, III.; Wabnitz 2018, Kap. 13.1).

Die wichtigsten Rechtsquellen des deutschen Strafrechts sind die in der folgenden Übersicht genannten (entnommen aus Wabnitz 2018, Übersicht 89):

Rechtsquellen des Strafrechts *Übersicht 22*

1. Grundgesetz (Art. 1, 2, 3, 92, 97, 101 bis 104 GG)
2. Strafgesetzbuch (StGB)
2.1 – Allgemeiner Teil (§§ 1 bis 79b)
2.2 – Besonderer Teil (§§ 80 bis 358: einzelne Straftatbestände)
3. Nebenstrafrecht (andere Gesetze mit Straftatbeständen)
4. Gerichtsverfassungsgesetz (GVG)
5. Strafprozessordnung (StPO)
6. Jugendgerichtsgesetz (JGG)
7. Bundeszentralregistergesetz (BZRG)
8. Strafvollzugs- und Jugendstrafvollzugsgesetze der Länder

10.1.2 Grundlagen des materiellen Strafrechts

Eine Strafbarkeit nach einem Straftatbestand des StGB oder einem anderen Gesetz setzt immer voraus, dass es sich um eine

a. tatbestandsmäßige,
b. rechtswidrige und
c. schuldhafte

Handlung einer individuellen Person gehandelt hat (dazu Oberlies 2013, Kap. 1.2.3.3; Trenczek et al. 2018, Kap. IV.2.1). Um bestraft zu werden, muss man also zunächst den Tatbestand einer Strafrechtsnorm in allen Tatbestandsmerkmalen erfüllt haben. Darüber hinaus muss man rechtswidrig gehandelt haben; dies ist nur ausnahmsweise dann nicht der Fall, wenn man sich auf einen Rechtfertigungsgrund wie z. B. auf Notwehr (§ 32 StGB) oder rechtfertigenden Notstand (§ 34 StGB) berufen kann (Trenczek et al. 2018, Kap. IV.2.1.2).

Schließlich muss man schuldhaft gehandelt haben. Dies bedeutet, dass die Tat einer einzelnen Person subjektiv zugerechnet werden kann, also die Tat vorsätzlich oder zumindest fahrlässig (§ 15 StGB) begangen worden sein muss (Näheres bei Wabnitz 2018, Kap. 13.2).

10.1.3 Rechtsfolgen von Straftaten

Das strafrechtliche Sanktionensystem ist zweispurig (Kindhäuser et al. 2017, Vorbemerkung zu den §§ 38–45b; Trenczek et. al. 2018, Kap. IV.4). Rechtsfolgen deliktischen Handelns sind (bei tatbestandsmäßigem, rechtswidrigem und schuldhaftem Handeln) Strafe sowie (bei nicht schuldhaftem Handeln) Maßregeln der Besserung und Sicherung (als Antwort auf die Sozialgefährlichkeit des Täters). Über die Rechtsfolgen der Straftat nach dem geltenden deutschen Strafrecht im Einzelnen informiert die folgende Übersicht (entnommen aus Wabnitz 2018, Übersicht 92):

Rechtsfolgen der Straftat

Übersicht 23

1. Strafen (als Antwort auf Schuld)
1.1 Hauptstrafen
    1.1.1 Freiheitsstrafe (von 1 Monat bis zu 15 Jahren oder lebenslang, § 38 StGB)
    1.1.2 Geldstrafe (mindestens 5, höchstens 360 Tagessätze, § 40 StGB)
1.2 Nebenstrafe – Fahrverbot (§ 44 StGB)
1.3 Nebenfolgen
    1.3.1 Verlust von Amtsfähigkeit, Wählbarkeit und Stimmrecht (§§ 45 bis 45b StGB)
    1.3.2 Einziehung (§§ 73 ff. StGB)
    1.3.3 Bekanntgabe der Verurteilung (§§ 165, 200 StGB)

2. Maßregeln der Besserung und Sicherung (als Antwort auf Sozialgefährlichkeit)
2.1 mit Freiheitsentziehung und Unterbringung:
    2.1.1 in einem psychiatrischen Krankenhaus (§ 63 StGB)
    2.1.2 in einer Entziehungsanstalt (§ 64 StGB)
    2.1.3 in der Sicherungsverwahrung (§ 66 StGB)
2.2 ohne Freiheitsentziehung:
    2.2.1 Führungsaufsicht (§§ 68 ff. StGB)
    2.2.2 Entziehung der Fahrerlaubnis (§§ 69 ff. StGB)
    2.2.3 Berufsverbot (§§ 70 ff. StGB)

Hat das Gericht eine Freiheitsstrafe verhängt, kommt gemäß §§ 56 ff. StGB eine Strafaussetzung zur Bewährung in Betracht (siehe im Einzelnen Kindhäuser et al. 2017, Erläuterungen zu §§ 56 ff. StGB). In einem solchen Fall bestimmt das Gericht die

Dauer der Bewährungszeit, kann Auflagen oder Weisungen erteilen und kann den Verurteilten der Bewährungshilfe unterstellen (§56 d StGB). Aufgabe der BewährungshelferInnen ist es, den Verurteilten helfend und betreuend zur Seite zu stehen und die Erfüllung von Auflagen und Weisungen zu überwachen (vgl. §56d Abs. 3 StGB). Bei der Wahrnehmung der Aufgaben der Bewährungshilfe, die als Institution der Justiz den Gerichten zugeordnet ist, haben SozialarbeiterInnen– wie auch bei Hilfe zur Erziehung nach den §§27ff. SGB VIII – die nicht leichte Aufgabe, die Doppelfunktion von Hilfe und Kontrolle wahrzunehmen.

10.2 Verletzung einer Fürsorge- und Aufsichtspflicht

10.2.1 Aufsichtspflichtverletzungen und Strafbarkeit

Nachdem im Jahre 1973 der frühere Straftatbestand der Aufsichtspflichtverletzung ersatzlos aus dem Strafgesetzbuch herausgenommen wurde (Dieball/Lehmann 2014, Kap. 8 am Anfang), gibt es keine Strafrechtsnorm mehr, die Aufsichtspflichtpflichtverletzungen generell unter Strafe stellt. Insofern trifft die im Bereich der Sozialarbeit immer noch anzutreffende Auffassung, „dass wir mit unserer Arbeit immer mit einem Bein im Gefängnis stehen", in dieser generellen Form nicht zu.

Allerdings gibt es Straftatbestände, die spezielle Formen von Aufsichtspflichtverletzungen bzw. des Missbrauchs von Abhängigkeitsverhältnissen insbesondere mit Blick auf Kinder und Jugendliche unter Strafe stellen (siehe sogleich Kap. 10.2.2 und 10.3).

10.2.2 Verletzung der Fürsorge- und Erziehungspflicht

Eine solche Strafrechtsnorm ist insbesondere § 171 StGB (Verletzung der Fürsorge- oder Erziehungspflicht). Danach macht sich strafbar, „wer seine Fürsorge- oder Erziehungspflicht gegenüber einer Person unter 16 Jahren gröblich verletzt und dadurch den Schutzbefohlenen in die Gefahr bringt, in seiner körperlichen oder psychischen Entwicklung erheblich geschädigt zu werden, einen kriminellen Lebenswandel zu führen oder der Prostitution nachzugehen".

Eine Fürsorge- oder Erziehungspflicht kann sich ergeben aus: Gesetz (insbesondere bei Eltern nach § 1631 Abs. 1 BGB, dementsprechend auch bei Vormündern und Pflegern), Vertrag (z.B. Pflegeeltern, Aufnahme in ein Heim), tatsächlicher Übernahme (z.B. Aufnahme in eine Wohngemeinschaft) oder aus einem öffentlich-rechtlichen Aufgabenbereich (z.B. bei Bediensteten des Jugendamtes nach §§ 8a oder 42 ff. SGB VIII).

Die Gefahr einer „*erheblichen Schädigung*" ist gegeben, wenn zu befürchten ist, dass der körperliche oder seelische Reifeprozess des Kindes oder Jugendlichen nachhaltig beeinträchtigt wird (vgl. Kindhäuser et al. 2017, Rn. 3 unter Verweis auch auf die einschlägige Rechtsprechung des BGH NZSt 1982, 328, 329; 1995, 178; 2006, 447 f.). Als Schaden in diesem Zusammenhang kann auch eine Entwicklungsverzögerung oder eine Fehlentwicklung gelten, wenn diese ein sozial hinnehmbares Maß deutlich überschreitet (Dieball/Lehmann 2014, Kap. 8).

Ein krimineller Lebenswandel setzt die wiederholte Begehung nicht unerheblicher vorsätzlicher Straftaten voraus. Dem Nachgehen der Prostitution unterfällt nicht erst die Vornahme sexueller Handlungen, sondern bereits das Aufsuchen von Gelegenheiten (zum Beispiel Straßenstrich, Animierlokal; Kindhäuser et al. 2017 unter Bezugnahme auf das BayObLG JZ 1989, 51, 52).

10.2.3 Weitere relevante Straftatbestände

Im Zusammenhang mit Aufsichtspflichten über Kinder und Jugendliche oder Volljährige oder mit Blick auf Abhängigkeitsverhältnisse können auch die folgenden weiteren Straftatbestände des StGB relevant werden (siehe die folgende Übersicht):

Weitere relevante Straftatbestände des StGB

1. § 170: Verletzung der (gesetzlichen) Unterhaltspflicht (insbesondere mit Blick auf Kinder und Jugendliche nach den §§ 1601 ff. BGB)

2. § 173: Beischlaf zwischen Verwandten, insbesondere mit leiblichen Abkömmlingen

3. § 174: Sexueller Missbrauch von Schutzbefohlenen

3.1 unter 16 Jahren, die dem Täter zur Erziehung, zur Ausbildung oder zur Betreuung in der Lebensführung anvertraut sind (Abs. 1 Nr. 1);

3.2 unter 18 Jahren unter Missbrauch eines Abhängigkeitsverhältnisses (Abs. 1 Nr. 2);

3.3 unter 18 Jahren, die Abkömmling des Täters oder seines Ehegatten, Lebenspartners oder einer Person sind, mit der der Täter in eheähnlicher oder lebenspartnerschaftsähnlicher Gemeinschaft lebt (Abs. 1 Nr. 3);

3.4 unter 16 Jahren in Einrichtungen, die der Erziehung, Ausbildung oder Betreuung dienen (Abs. 2 Nr. 1);

3.5 unter 18 Jahren in Einrichtungen zur Erziehung, Ausbildung oder Betreuung unter Ausnutzung der Stellung des Täters (Abs. 2 Nr. 2)

4. § 174a: Sexueller Missbrauch von Gefangenen, behördlich Verwahrten oder Kranken und Hilfebedürftigen in Einrichtungen

5. § 174b: Sexueller Missbrauch unter Ausnutzung einer Amtsstellung

6. § 174c: Sexueller Missbrauch von Personen, die wegen einer geistigen oder seelischen Krankheit oder Behinderung einschließlich einer Suchtkrankheit oder wegen einer körperlichen Krankheit oder Behinderung anvertraut sind, unter Ausnutzung eines Beratungs-, Behandlungs- oder Betreuungsverhältnisses

7. § 176: Sexueller Missbrauch von Kindern (unter 14 Jahren)

8. § 176a: Schwerer Sexueller Missbrauch von Kindern

9. § 176b: Sexueller Missbrauch von Kindern mit Todesfolge

10. § 180: Förderung sexueller Handlungen Minderjähriger durch Vermittlung oder durch Gewähren oder Verschaffen von Gelegenheit

11. § 180a: Ausbeutung von Prostituierten

12. § 181a: Zuhälterei

13. § 182: Sexueller Missbrauch von Jugendlichen (unter 18 Jahren)

14. §§ 184 ff: Verbreitung pornographischer Schriften, Medien und Darbietungen

15. § 184g: Jugendgefährdende Prostitution

10.3 Strafrechtliche Garantenstellung

10.3.1 Begehen einer Straftat durch Unterlassen

Eine Straftat kann nicht nur durch aktives Handeln, sondern auch durch Unterlassen begangen werden; dazu die folgende Übersicht:

Straftaten durch Unterlassen nach dem StGB

Übersicht 25

1. Sog. echte Unterlassungsdelikte; hier wird ausnahmsweise strafbares Handeln explizit durch Unterlassen begründet:
1.1 § 138: Nichtanzeige (nur:) geplanter (und nicht schon begangener) und zudem schwerer Straftaten wie Mord und Totschlag, Raub oder besondere gemeingefährliche Straftaten, die in der Sozialen Arbeit selten sind
1.2 § 323c: Unterlassene Hilfeleistung (bei Unglücksfällen oder gemeiner Gefahr oder Not)

2. Sog. unechte Unterlassungsdelikte (gemäß § 13) durch Unterlassen, einen Erfolg abzuwenden, der zum Tatbestand eines Strafgesetzes gehört, z. B.
2.1 § 211: Mord
2.2 § 212: Totschlag
2.3 § 223 ff: Körperverletzung
2.4 § 225: Misshandlung von Schutzbefohlenen
2.5 §§ 174 ff: Sexualdelikte, insbesondere mit Blick auf Schutzbefohlene, Kinder, Jugendliche, Hilfebedürftige u. a. (siehe 10.2.3)

Die Voraussetzungen für ein unechtes Unterlassungsdelikt gemäß § 13 Abs. 1 StGB (Kindhäuser et al. 2017, § 13, Rn. 6) sind die in der folgenden Übersicht dargestellten:

Voraussetzungen für ein unechtes Unterlassungsdelikt nach § 13 Abs. 1 StGB

Übersicht 26

1. Objektiver Tatbestand:
1.1 Eintritt des tatbestandsmäßigen Erfolges einer Strafrechtsnorm (z. B. einer Körperverletzung nach § 223)
1.2 Abwendbarkeit des Erfolgs (z. B. der Körperverletzung)

1.3 Kausalzusammenhang (wenn mit an Sicherheit grenzender Wahrscheinlichkeit vom Ausbleiben des Erfolgs bei Vornahme der unterlassenen Handlung ausgegangen werden kann)

1.4 Garantenstellung (siehe im Einzelnen 10.3.2)

2. Subjektiver Tatbestand: vor allem Kenntnis bzw. Erkennbarkeit der Garantenstellung

3. Rechtswidrigkeit (Nichtvorliegen eines Rechtfertigungsgrundes)

4. Schuld

10.3.2 Garantenstellung/Beschützergarantie

Eine Garantenstellung (Beschützergarantie) ist immer dann gegeben, wenn aufgrund besonderer Beziehungen zum geschützten Rechtsgut (zum Beispiel: Leben, Körper, Gesundheit etc.) eines anvertrauten Menschen eine spezielle Rechtspflicht zum Tätigwerden besteht (Dieball/Lehmann 2014, Kap. 8.2). Dazu die folgende Übersicht (siehe auch Kievel et al. Kap. 2018, Kap. 15 H III.):

Häufige Fälle der Begründung einer Garantenstellung durch:

Übersicht 27

1. eine gesetzliche Regelung (insbesondere: MitarbeiterInnen des Jugendamts etwa nach den §§ 1 Abs. 3 Nr. 3, 8a, 42, 42a ff, 43 ff. SGB VIII)

2. einen Vertrag (bei Aufsichtspflichtigen z. B. in Kindertageseinrichtungen oder Heimen)

3. eine enge Lebensgemeinschaft (Familie, Ehegatten, Verlobte, Lebenspartner, Vormund und Mündel)

4. eine Gefahrenschaffung, insbesondere Gefährdungen von Leib und Leben (sog. Ingerenz)

5. durch vorangegangenes gefährliches Tun (z. B. Verkehrsunfall, gemeinsamer hoher Alkoholkonsum)

10.3.3 Weitere Einzelheiten

Darüber hinaus können auch folgende Formen einer Garantenstellung von Bedeutung sein (Näheres bei Kindhäuser et al. 2017, § 13 Rn. 57 ff.):

> **Begründung einer Garantenstellung kraft institutioneller Fürsorge**
>
> *Übersicht 28*
>
> 1. Vornahme von Schutzfunktionen mit Blick auf Minderjährige, Gefährdete, Drogensüchtige, Patienten (durch ihre Ärzte), durch Hebammen, Bademeister u. a.
>
> 2. Zusage gegenüber Verunglückten, Hilfe zu holen, wenn diese dann unterbleibt und der Verunglückte von eigenen Rettungsmaßnahmen abgesehen hat
>
> 3. Begründung durch Amtsstellung, abhängig vom Aufgabenbereich des Amtsträgers:
> 3.1 zu verneinen, wenn der jeweiligen Person keine entsprechenden Überwachungspflichten obliegen (z. B. bei einem Bediensteten im Strafvollzug gegenüber anderen Bediensteten;
> 3.2 ist zu bejahen, wenn Gefangene von Mitgefangenen misshandelt werden;
> 3.3 ist zu bejahen mit Blick auf Polizisten als Garanten für Rechtsgüter des Einzelnen oder der Allgemeinheit sowie zur Verhinderung von Straftaten.

Für die Frage der Strafbarkeit von SozialarbeiterInnen u. a. kommt es jedoch immer entscheidend darauf an, ob die handelnde Person im konkreten Einzelfall eine Pflichtverletzung trifft. Ist dies nicht der Fall und handelte die betreffende Person sachgerecht, fachlich korrekt oder zumindest sozialarbeiterisch vertretbar, liegt keine strafrechtlich vorwerfbare Pflichtverletzung vor (Kievel et al. 2018 Kap. 15 H III.). Mit anderen Worten: was lege artis „kunst- und fachgerecht" ist, also anerkannten fachlichen Standards entspricht, kann nicht strafbar sein (Trenczek et al. 2018, Kap. IV. 2.2.2)!

 **Literatur**

Dieball, H., Lehmann, M. K.-H. (2014): Basiswissen zu Aufsichtspflicht, Haftung und Garantenstellung – Grundlegender Leitfaden für die Arbeit mit Kindern und Jugendlichen. Schöneworth, Dähre

Kievel, W., Knösel, P., Marx, A., Sauer, J. (2018): Recht für soziale Berufe. Basiswissen kompakt. 8. Aufl. Luchterhand, Köln

Kindhäuser, U. (2017): Strafgesetzbuch. Lehr- und Praxiskommentar, 7. Aufl., Nomos, Baden-Baden

Oberlies, D. (2013): Strafrecht und Kriminologie für die Soziale Arbeit. Eine Einführung. Kohlhammer, Stuttgart

Schleicher, H. (2014): Jugend- und Familienrecht. 14. Aufl., C. H. Beck, München

Trenczek, T., Tammen, B., Behlert, W., von Boetticher, A. (2018): Grundzüge des Rechts. Studienbuch für soziale Berufe. 5. Aufl. Ernst Reinhardt, München

Wabnitz, R. J. (2018): Grundkurs Recht für die Soziale Arbeit. 4. Aufl. Ernst Reinhardt, München

10.4 Der praktische Fall: Strafbarkeit durch Unterlassen?

1. Die alleinerziehende Mutter Monika hat zwei Kinder, die zwei und sieben Jahre alt sind. Am 5. und am 20. Mai hat sie ihre Kinder in den Abend- und Nachtstunden alleine in der Wohnung zurückgelassen und ist erst am Vormittag des nächsten Tages zurückgekommen, so dass ihr schulpflichtiges Kind die Schule nicht besuchen konnte. Hat Monika sich strafbar gemacht?
2. Sozialarbeiterin Sandra ist Mitarbeiterin des Allgemeinen Sozialen Dienstes im Jugendamt der Stadt Bonn. Im Rahmen einer Sozialpädagogischen Familienhilfe nach § 31 SGB VIII betreute sie seit zwei Monaten im zeitlichen Umfang von dreimal je drei Stunden montags, mittwochs und freitags die Familie. Vater Florian und Mutter Veronika haben erhebliche Schwierigkeiten mit der Versorgung und Erziehung ihrer drei Kinder im Alter von zwei, vier und acht Jahren sowie damit, die Wohnung in aufgeräumtem und sauberem Zustand zu halten sowie die Mahlzeiten zuzubereiten. Seit Beginn der Tätigkeit von Sandra hat sich die Situation allerdings verbessert. An einem Sonntag bereitet Florian den Frühstücksbrei für das zweijährige

Kind zu, wobei er ein Putzmittel in den Brei rührt, wodurch das Kind durch dessen Verzehr gesundheitliche Schädigungen erleidet. Hat Sandra sich strafbar gemacht?
3. Sozialarbeiter VM ist Vormund des einjährigen Kindes K, das unter der Obhut des Jugendamts bei seinem drogensüchtigen Vater V lebt, nachdem es zuvor auch schon einmal in einem Heim untergebracht worden war. V tötet das Kind und friert die Leichenteile im Kühlschrank ein. VM hat davon nichts mitbekommen. Denn er hat den Vater und das Kind seit längerer Zeit nicht aufgesucht, weil er noch 200 andere Vormundschafts- und Pflegschaftsfälle zu betreuen hatte. Hat VM sich strafbar gemacht?

11 Sozialarbeit als Rechtsdienstleistung

Soziale Arbeit setzt vielfältige, situativ einzusetzende Kompetenzen voraus, um aus einem vorgetragenen Ausschnitt einer Lebenswirklichkeit in der Arbeit mit dem Klienten Problemdefinitionen, Perspektiven oder Handlungskonzepte hervorzubringen. Ein Teilaspekt hiervon ist die Überführung des regelmäßig als „Gemengelage" vorgetragenen lebenspraktischen Geschehens in die Kunstform des „Rechtsproblems", um die rechtliche Strukturiertheit von sozialen Problemen (bspw. Fragen nach Reichweite der elterlichen Sorge), aber auch die rechtlich dargebotenen Handlungsmöglichkeiten (bspw. die Stellung von Anträgen oder die Einlegung von Widersprüchen) erfassen und in den Hilfeprozess einmünden lassen zu können. Sozialarbeit schließt in vielen Konstellationen Rechtsrat (rechtliche Aufklärung und Beratung, Hilfestellung bei der Formulierung von Schreiben oder von Anträgen u.v.m.) „untrennbar" mit ein (so etwa das LG Memmingen DAVorm 1995, 117).

Nach § 13 Abs. 2 Nrn. 2 und 3 der Landesaufnahmegesetz-Durchführungsverordnung des Landes Brandenburg vom 28.10.2016 etwa umfasst Migrationssozialarbeit sozialarbeiterische Hilfestellungen in aufenthaltsrechtlichen und Verfahrensfragen sowie bei leistungsrechtlichen Fragen.

Damit stellt sich die Frage nach der Erlaubtheit dieses beruflichen Handelns.

11.1 Das RDG und die soziale Arbeit

11.1.1 Die Regelungsidee des RDG

Das „Gesetz über außergerichtliche Rechtsdienstleistungen" (Rechtsdienstleistungsgesetz – RDG) dient dem Zweck, die Rechtsuchenden, den Rechtsverkehr und die Rechtsordnung vor unqualifizierten Rechtsdienstleistungen zu schützen (§ 1 Abs. 1 S. 2 RDG).

Der Gesetzgeber bedient sich hierbei der Regelungstechnik des „Verbotes mit Erlaubnisvorbehalt". Das bedeutet, die Erbringung außergerichtlicher Rechtsdienstleistungen ist grundsätzlich verboten, es sei denn, es liegt ein gesetzlicher Erlaubnistatbestand vor.

Geregelt wird nur die außergerichtliche Erbringung von Rechtsdienstleistungen (§ 1 Abs. 1 S. 1 RDG). Das Merkmal „außergerichtlich" lässt sich am besten negativ definieren: alle Handlungen, die nicht an ein Gericht adressiert sind, sind außergerichtlich im Sinne des RDG. Darunter fällt vor allem die Vertretung von Personen im Verfahren vor Behörden. Erst wenn das behördliche Verfahren in ein gerichtliches Verfahren übergeht, gelten die Regelungen der Prozessordnungen. Außergerichtliche Rechtsdienstleistungen können aber auch im Zusammenhang mit einem gerichtlichen Verfahren erbracht werden. So stellt etwa die Erstellung von Schriftsatzentwürfen noch eine außergerichtliche Tätigkeit dar (vgl. BTDrs. 16/3655, 45).

Bei der Erbringung von Rechtsdienstleistungen unterscheidet das Gesetz zwischen Rechtsdienstleistungen durch registrierte und solchen durch nicht registrierte Personen. Eine Registrierung ist nur bei Vorliegen einer besonderen Sachkunde auf den Gebieten der Inkassodienstleistungen (des Forderungseinzugs), der Rentenberatung oder Beratung in einem ausländischen Recht möglich. Für außergerichtliche Rechtsdienstleistung durch andere (nicht registrierte) Personen hält das RDG folgende Erlaubnistatbestände vor:

Nach dem RDG erlaubte außergerichtliche Rechtsdienstleistungen

Übersicht 29

1. Rechtsdienstleistungen, die als Nebenleistung im Zusammenhang mit einer anderen beruflichen Tätigkeit erbracht werden (§ 5 RDG),

2. unentgeltliche Rechtsdienstleistungen (§ 6 RDG),

3. Mitgliederberatung von Vereinigungen, die zur Wahrung gemeinschaftlicher Interessen gegründet wurden (§ 7 RDG),

4. Rechtsdienstleistungen durch öffentliche und öffentlich anerkannte Stellen (§ 8 RDG).

Diese Befugnisnormen regeln nur die selbständige Erbringung von Rechtsdienstleistungen (§ 3 RDG). Eine Erlaubnisnorm zur

Reichweite der Zulässigkeit der Erledigung von Rechtsangelegenheiten in abhängiger Beschäftigung erschien dem Gesetzgeber daneben nicht notwendig. Beschäftigte dürfen nur in dem Umfang tätig werden, in dem ihr Arbeitgeber berechtigt ist, Rechtsdienstleistungen zu erbringen (BTDrs. 16/3655, 51).

Das RDG verzichtet bei Verstößen gegen das Verbot des § 3 RDG auf einen Bußgeldtatbestand. Die Kontrolle unerlaubter Rechtsberatung sei im Bereich des Wettbewerbsrechts durch Klagen von Rechtsanwälten und Rechtsanwaltskammern und im Bereich des Verbraucherschutzes durch die Klagebefugnis von Verbraucherzentralen nach dem Unterlassungsklagengesetz (UKlaG) gewährleistet (BTDrs. 16/3655, 44). Außerdem kann die für den Wohnsitz einer Person oder den Sitz einer Vereinigung zuständige Behörde den in den §§ 6, 7 Abs. 1 und 8 Abs. 1 Nr. 4 und 5 RDG genannten Personen und Vereinigungen die weitere Erbringung von Rechtsdienstleistungen untersagen, wenn begründete Tatsachen die Annahme dauerhaft unqualifizierter Rechtsdienstleistungen zum Nachteil der Rechtsuchenden oder des Rechtsverkehrs rechtfertigen. Wer einer solchen Anordnung zuwiderhandelt, begeht eine Ordnungswidrigkeit, die mit einer Geldbuße von bis zu 50.000 EUR geahndet werden kann (§ 20 Abs. 1 Nr. 1 Alt. 1 i.V.m. Abs. 3 RDG).

11.1.2 Der Begriff der „Rechtsdienstleistung"

§ 2 Abs. 1 RDG hält eine Legaldefinition des Begriffs der Rechtsdienstleistung bereit: „Rechtsdienstleistung ist jede Tätigkeit in konkreten fremden Angelegenheiten, sobald sie eine rechtliche Prüfung des Einzelfalls erfordert." Der Begriff der Tätigkeit ist umfassend zu verstehen. Sowohl die reine Raterteilung wie auch die Vertretung des Rechtsuchenden nach außen wie das Führen von Verhandlungen mit Behörden fallen darunter (BTDrs. 16/3655, 46).

Die fragliche Tätigkeit muss sich auf eine fremde Angelegenheit beziehen. Eigene Angelegenheiten sowie die Rechtsberatung einer Organisation durch Angestellte unterfallen nicht dem Anwendungsbereich des Gesetzes.

Die Tätigkeit muss zudem auf einen konkreten Sachverhalt gerichtet sein. Entscheidend ist, ob es sich um Rechtsfragen einer bestimmten, Rat suchenden Person handelt, die sich auf einen wirklichen (und nicht fingierten) Sachverhalt bezieht (Deckenbrock et al. 2015, § 2 RDG Rn. 32).

Entscheidend für die Annahme einer Rechtsdienstleistung ist eine ‚rechtliche Prüfung des Einzelfalls'. Der BGH legt diesen Begriff folgendermaßen aus: „Der Begriff der Rechtsdienstleistung in § 2 Abs. 1 RDG erfasst jede konkrete Subsumtion eines Sachverhalts unter die maßgeblichen rechtlichen Bestimmungen, die über eine bloß schematische Anwendung von Rechtsnormen ohne weitere rechtliche Prüfung hinausgeht; ob es sich um eine einfache oder schwierige Rechtsfrage handelt, ist dabei unerheblich." (NJW-RR 2016, 1056) Eine nicht bloß „schematische" rechtliche Prüfung eines Einzelfalles ist etwa die Entscheidung über die Einlegung eines Rechtsbehelfs (BSG NJW 2014, 493 [Ls. 1], 494). Verallgemeinernd lässt sich sagen, dass jedenfalls immer dann, wenn die rechtliche Prüfung von Sachverhalten auf die Gestaltung eines Rechtsverhältnisses gerichtet ist, eine rechtliche Prüfung eines Einzelfalles i.S.d. RDG vorliegt.

Keine Rechtsdienstleistung liegt vor, wenn die rechtliche Beurteilung einer Frage auch für juristische Laien so leicht und eindeutig ist, dass sie nicht als „rechtlicher Lebensvorgang" empfunden wird (BTDrs. 16/3655, 46), also wenn

- es sich lediglich um das Auffinden, die Lektüre und die Wiedergabe einer Rechtsnorm handelt (BTDrs. 16/3655, 46);
- bei der Unterstützung eines Antragstellers lediglich das von der Behörde vorgefertigte Formular auszufüllen ist und diesem Belege beizufügen sind (BSG NJW 2014, 493, 494);
- es um eine bloße Stellvertretung im Rechtsverkehr geht (BTDrs. 16/3655, 46), wie es bspw. § 1902 BGB für das Betreuerhandeln vorsieht.

An einer Einzelfallprüfung fehlt es, wenn

- eine allgemein gehaltene Rechtsauskunft an eine interessierte Einzelperson gegeben wird (BTDrs. 16/3655, 47);
- an die Öffentlichkeit oder einen interessierten Kreis (Fort- und Weiterbildung) gerichtete rechtliche Informationen gegeben werden, selbst wenn diese einen konkreten Fall als Beispiel heranziehen (BTDrs. 16/3655, 47).

Die Gesetzesbegründung bejaht aus Verbraucherschutzgründen auch dann eine unter das RDG fallende Rechtsdienstleistung, wenn ein Ratsuchender zu erkennen gibt, dass er die rechtlichen Auswirkungen einer bestimmten Angelegenheit nicht überblickt und er einen Dritten gerade mit dem Ziel einschaltet, den Vorgang von ihm unter Anwendung der einschlägigen gesetzlichen Vorschriften prüfen oder sich über die rechtlichen Folgen eines Tuns oder Unterlassens aufklären zu lassen (BTDrs. 16/3655, 48).

11.1.3 Soziale Arbeit als Rechtsdienstleistung

Die rechtliche Prüfung von Einzelfällen ist keine vorrangige Aufgabe sozialer Arbeit. Allerdings können im Rahmen ganzheitlicher Unterstützung und Beratung Hilfeangebote unterbreitet werden, die als Rechtsdienstleistung zu qualifizieren sind. Dies gilt bspw., wenn „dem Betreffenden, über das Aufspüren einer möglichen Hilfeleistung hinaus, tätige Hilfe bei der Verwirklichung geboten wird, sei es, indem erforderliche Anträge gestellt oder ergänzende Begründungen verfasst werden. Gleiches gilt für Ein- und Widersprüche, Gegenvorstellungen und Eingaben" (Heinhold 2008, 102; ähnlich Jox 2015, 120; Beyer 2017, 199). Damit ist die Beratung und Unterstützung im Rahmen sozialer Arbeit ein Feld, in dem Rechtsdienstleistungen vorkommen können. Dies gilt vor allem für Beschäftigte von Sozialleistungsträgern, die durch § 14 SGB I ausdrücklich zur Sozialrechtsberatung verpflichtet werden. Diese Rechtsberatungspflicht umfasst bspw. auch Hinweise auf rechtliche Gestaltungsmöglichkeiten (Greiner in KommSozR 2017, § 14 SGB I Rn. 2), was ohne entsprechende rechtliche Prüfung eines Einzelfalles nicht möglich ist. Auch Beratungsstellen der freien Wohlfahrtspflege oder Selbsthilfegruppen bieten Sozialrechtsberatung in unterschiedlichen Kontexten an (Beratung behinderter Menschen, Flüchtlingsberatung, „Hartz IV"-Beratung usw.). Die Zulässigkeit dieser beratenden Tätigkeiten nach dem RDG ist damit ein Thema der sozialen Arbeit.

11.2 Rechtsdienstleistungen als „Nebenleistung" sozialer Arbeit (§ 5 RDG)?

Da die Erbringung von Rechtsdienstleistungen einerseits nicht die Hauptaufgabe der sozialen Arbeit ist, andererseits aber im Rahmen einer Beratung vorkommen kann, liegt die Überlegung nahe, dass Rechtsdienstleistungen eine erlaubte Nebenleistung sozialer Arbeit sein könnten.

11.2.1 Die Befugnis zur Erbringung von Rechtsdienstleistungen als Nebenleistung

§ 5 Abs. 1 RDG unterscheidet zwischen einer nichtrechtlichen Haupttätigkeit und einer (rechtsdienstleistenden) Nebenleistung. Ob eine Nebenleistung vorliegt, ist nach ihrem Inhalt, Umfang und sachlichen Zusammenhang mit der Haupttätigkeit unter Berücksichtigung der Rechtskenntnisse zu beurteilen, die für die Haupttätigkeit erforderlich sind. Eine Nebenleistung liegt vor, wenn sie einerseits zum Berufs- und Tätigkeitsbild gehört, andererseits die Haupttätigkeit aber nicht prägt.

Dem Tatbestandsmerkmal der „für die Haupttätigkeit erforderlichen Rechtskenntnisse" kommt dabei eine Doppelfunktion zu. Einerseits soll auch nicht primär rechtsdienstleistenden Berufen die Möglichkeit eröffnet werden, den Beruf entsprechend der erworbenen Qualifikation auszuüben. Andererseits schließt das Tatbestandsmerkmal der beruflichen Qualifikation bei Berufen, die keine oder nur geringe rechtliche Kenntnisse erfordern, Rechtsdienstleistungen als Nebenleistung aus. Für die jeweilige Beurteilung im Sinn einer typisierenden Betrachtung ist dabei stets auf die Berufsqualifikation abzustellen, die allgemein für die – nicht rechtsdienstleistende – Haupttätigkeit erforderlich ist.

Maßgeblich ist, welche Ausbildung die Tätigkeit eines Kfz-Meisters erfordert. Ohne Bedeutung ist, ob der Kfz-Meister vielleicht auch ein juristisches Studium absolviert hat (nach BTDrs. 16/3655, 54).

Der von § 5 Abs. 1 S. 2 RDG geforderte „sachliche Zusammenhang" der Nebenleistung mit der Hauptleistung erfordert schließlich eine inhaltliche Verbindung der rechtsdienstleistenden Nebenleistung mit der Haupttätigkeit. Diese Zugehörigkeit kann sich entweder aus einem bestehenden Berufs- oder Tätigkeitsbild oder aus dem einzelnen vertraglichen Schuldverhältnis ergeben (BT-Drs. 16/3655, 54).

11.2.2 § 5 RDG und die soziale Arbeit

Die Fähigkeit zur Anwendung von Rechtskenntnissen gehört sicherlich zur Berufsqualifikation sozialer Arbeit. Schwieriger zu beantworten ist die Frage, ob und wann die „Haupttätigkeit" Beratung von einer Rechtsdienstleistung geprägt wird. Unstreitig dürfte dies bei ausgewiesenen „Sozialrechtsberatungsstellen" der Fall sein. Aber auch andere Sozialberatungsstellen (für Schwangere, Hartz IV-Empfänger, Flüchtlinge usw.) haben in der Regel einen ganzheitlichen Ansatz und bieten umfassende Lebenshilfe an. Insofern stellen Rechtsdienstleistungen regelmäßig einen untrennbaren Bestandteil der sozialen Beratung dar (Scholl 2008, 13) und gehören nach allgemeiner Ansicht damit zu den Haupttätigkeiten sozialer Beratung (Heinhold 2008, 103; ähnlich Jox 2015, 122). § 5 RDG stellt damit keine Befugnis zur Erbringung von Rechtsdienstleistungen dar.

11.3 Rechtsdienstleistungsbefugnisse für die soziale Arbeit

Das RDG hält Rechtsdienstleistungsbefugnisse bereit, die die Erbringung von Rechtsdienstleistungen im Rahmen von Sozial(rechts)beratung erlauben könnten:

- die Erlaubnis unentgeltlicher Rechtsdienstleistungen (§ 6 RDG);
- die Erlaubnis für Rechtsdienstleistungen durch Interessenvereinigungen (§ 7 RDG);
- die Erlaubnis für Rechtsdienstleistungen durch öffentliche oder öffentlich anerkannte Stellen (§ 8 RDG).

11.3.1 Unentgeltliche Rechtsdienstleistungen (§ 6 RDG)

Ein Gesetzesziel des RDG war es, „bürgerschaftliches Engagement im Bereich karitativer Rechtsdienstleistungen zu ermöglichen und zu fördern" (BTDrs. 16/3655, 58). § 6 Abs. 1 RDG erlaubt deshalb Rechtsdienstleistungen, die nicht im Zusammenhang mit einer entgeltlichen Tätigkeit stehen (unentgeltliche Rechtsdienstleistungen). Die Unentgeltlichkeit lässt sich durch den Gegenbegriff der Entgeltlichkeit erläutert. Entgeltlich heißt von einer Gegenleistung des Ratsuchenden abhängig. An der Unentgeltlichkeit fehlt es, wenn eine Beratungsdienstleistung den Beitritt zu einem Verein und die Pflicht zur Beitragszahlung an den Verein erfordert (LG Fulda NZI 2015, 438, 439).

Wird eine Rechtsdienstleistung über den Kreis familiärer, nachbarschaftlicher oder ähnlich enger persönlicher Beziehungen hinaus erbracht – wie es in der Sozialberatung üblich ist –, stellt § 6 Abs. 2 RDG Qualitätsanforderungen auf. Das Gesetz verlangt, dass die Rechtsdienstleistung durch

- eine Person, der die entgeltliche Erbringung dieser Rechtsdienstleistung erlaubt ist (Rechtsanwalt),
- eine Person mit Befähigung zum Richteramt (Volljuristin) oder
- unter Anleitung einer solchen Person erfolgt.

Damit lässt das Gesetz die Anleitung von Beratungspersonen durch eine juristisch qualifizierte Person genügen, um den Schutz der Rechtsuchenden zu gewährleisten. Unter einer Anleitung versteht § 6 Abs. 2 S. 2 RDG eine an Umfang und Inhalt der zu erbringenden Rechtsdienstleistungen ausgerichtete Einweisung und Fortbildungen. Eine ordnungsgemäße Einweisung setzt voraus, dass die anzuleitenden Personen mit den für ihre Tätigkeit wesentlichen Rechtsfragen vertraut gemacht werden (Grundeinweisung), damit sie die zu erwartenden Sachverhalte weitgehend selbständig rechtlich erfassen können. „Der Begriff der Anleitung lässt (…) vielfältige Organisationsstrukturen zu. Ausreichend ist insbesondere eine Organisationsform, bei der juristisch qualifizierte Personen in einer übergeordneten Dachorganisation die Betreuung der örtlichen Beratungsstellen übernehmen." (BTDrs. 16/3655, 58)

Welchen Umfang dabei diese Anleitung haben muss, hängt maßgeblich von den Vorkenntnissen der anzuleitenden Person und der Art ihrer Tätigkeit ab und bedarf der satzungsmäßigen Festlegung (OLG Brandenburg NJW 2015, 1122, 1123). Anpassungsfortbildungen haben regelmäßig stattzufinden (OLG Frankfurt/M. GRUR-RR 2015, 474 [Ls. 1]). Außerdem muss sichergestellt sein, dass eine juristisch qualifizierte Person bei der Erbringung der Rechtsdienstleistung mitwirkt, soweit dies im Einzelfall erforderlich ist.

11.3.2 Mitgliederberatung in Interessenvereinigungen (§ 7 RDG)

Selbsthilfegruppen, die sich zur Vertretung gemeinsamer Interessen zusammengeschlossen haben (bspw. der bundesweit vertretene „Club Behinderter und ihrer Freunde"), bieten als Interessenvereinigung nicht selten eine Sozial- und Rechtsberatung an. Rechtsdienstleistungen durch Fachkräfte der sozialen Arbeit im Rahmen solcher Interessenvertretungen wären dann erlaubt (§ 7 Abs. 1 S. 1 Nr. 1 RDG), wenn

- die Dienstleistung durch den Verein organisiert wird,
- die Erbringung von Rechtsdienstleistungen auf den Kreis der Mitglieder beschränkt ist,
- sich im Rahmen des satzungsmäßigen Aufgabenbereichs bewegt und
- die Rechtsdienstleistungen im Kontext der übrigen satzungsmäßigen Aufgaben nicht von übergeordneter Bedeutung sind.

Interessenvereinigungen, die solche Angebote vorhalten, müssen über die zur sachgerechten Erbringung dieser Rechtsdienstleistungen erforderliche personelle, sachliche und finanzielle Ausstattung verfügen und zusätzlich sicherstellen, dass die Voraussetzungen des § 6 Abs. 2 S. 2 RDG erfüllt sind (§ 7 Abs. 2 RDG).

11.3.3 Rechtsdienstleistungen durch öffentliche und öffentlich anerkannte Stellen (§ 8 RDG)

§ 8 erlaubt zahlreichen öffentlichen oder öffentlich anerkannten Stellen die Erbringung von Rechtsdienstleistungen im Rahmen ihres Aufgaben- und Zuständigkeitsbereichs.

Öffentliche und öffentlich anerkannte Stellen, denen außergerichtliche Rechtsdienstleistungen erlaubt sind:

Übersicht 30

1. Gerichtlich oder behördlich bestellte Personen,
2. Behörden und juristische Personen des öffentlichen Rechts
3. nach Landesrecht als geeignet anerkannte Personen oder Stellen im Sinn des § 305 Abs. 1 Nr. 1 der Insolvenzordnung,
4. Verbraucherzentralen und andere mit öffentlichen Mitteln geförderte Verbraucherverbände,
5. Verbände der freien Wohlfahrtspflege im Sinn des § 5 SGB XII, anerkannte Träger der freien Jugendhilfe im Sinn des § 75 SGB VIII und anerkannte Verbände zur Förderung der Belange von Menschen mit Behinderungen im Sinne des § 15 Abs. 3 des Behindertengleichstellungsgesetzes.

Bewährungshelfer (§ 56 d StGB, § 24 JGG), PflegerInnen für Minderjährige (§§ 1909 ff. BGB) Vormünder für Minderjährige (§§ 1773 ff. BGB) fallen unter die gerichtlich oder behördlich bestellten Personen i.S.v. § 8 Abs. 1 S. 1 Nr. 1 RDG. Unter diesen Personen finden sich nicht selten SozialarbeiterInnen oder -pädagogInnen.

Fachkräfte der sozialen Arbeit sind aber auch bei Sozialbehörden („alle Stellen, die Aufgaben der öffentlichen Verwaltung wahrnehmen"; § 1 Abs. 2 SGB X) beschäftigt. Grundlage und Grenze der dort erbrachten außergerichtlichen Rechtsdienstleistungen (§ 8 Abs. 1 Nr. 2 RDG) bestimmen sich nach den Zuständigkeits- und Leistungsnormen des Sozialrechts (insbes. § 14 SGB I, aber auch §§ 30 S. 1 Nr. 5, 34 Abs. 1 S. 2 Nr. 6 SGB III, § 109 a SGB VI, §§ 18, 51 Abs. 3, 52 a Abs. 1 S. 1 SGB VIII, § 22 SGB IX; § 7 Abs. 2 S. 1 SGB XI, § 10 Abs. 2 SGB XII oder § 3 Abs. 2 S. 2 VO zu 69 SGB XII).

SozialarbeiterInnen und -pädagogInnen sind vor allem auch bei den in § 8 Abs. 1 Nr. 5 RDG angesprochenen Verbänden der freien Wohlfahrtspflege (AWO, Caritas, Diakonie, Der Paritätische, ZWSt) oder bei den nach § 75 SGB VIII anerkannten Trägern der freien Jugendhilfe beschäftigt. Auch diesen Institutionen sind außergerichtliche Rechtsdienstleistungen im Rahmen ihres Aufgaben- und Zuständigkeitsbereichs erlaubt.

 Literatur

Sauer, J. (2009): Soziale Arbeit als „Rechtsdienstleistung". Recht der sozialen Dienste und Einrichtungen (RsDE), 69, 1–27

11.4 Der praktische Fall: Die studentische Law-Clinic

Rechtsprofessor Fritz und Studierende des Studiengangs „Recht und Management in der sozialen Arbeit" an der Hochschule in Würzburg wollen einen Verein „Law Clinic W." gründen, der allen Studierenden des Studiengangs die Möglichkeit eröffnen soll, ihr erlerntes Rechtswissen unentgeltlich anzuwenden, um sich so auf eine spätere berufliche, insbesondere beratende Tätigkeiten vorzubereiten und Erfahrungen zu sammeln. § 2 des Satzungsentwurfs besagt über den Vereinszweck Folgendes:

„(1) Zweck des Vereins ist es, eine unentgeltliche außergerichtliche Rechtsberatung (§ 2 Abs. 1 RDG) unter Anleitung einer zum Richteramt befähigten Person zu organisieren und durchzuführen. Die Beratung wird von Mitgliedern des Vereins durchgeführt.

(2) Das Angebot richtet sich an Studierende der Hochschule Würzburg und Bürgerinnen und Bürger der Stadt Würzburg."

Rechtsprofessor Fritz, der die Befähigung zum Richteramt besitzt, soll die Studierenden anleiten. In Fällen, in denen Studierende sich überfordert fühlen, soll er zur Unterstützung erreichbar sein. Dürften die Studierenden auf der geschilderten satzungsrechtlichen Grundlage die genannten Rechtsdienstleistungen anbieten?

12 Die Anerkennungsgesetze der Länder

Die staatliche Anerkennung von SozialarbeiterInnen oder -pädagogInnen ist uns bisher als eine Voraussetzung des Bestehens der beruflichen Schweigepflicht nach § 203 Abs. 1 Nr. 6 StGB begegnet. Ihre rechtliche Bedeutung geht jedoch weit über diesen Umstand hinaus (hierzu Kap. 12.3). Mit der Einführung von Bachelor- und Masterstudiengängen wurden die Voraussetzungen für ihre Verleihung neu gefasst (dazu Kap. 12.2).

12.1 Die Regelung der staatlichen Anerkennung

12.1.1 Die staatliche Anerkennung als „Zusatzzertifikat" zum hochschulischen Bildungsabschluss

Erste Ausbildungsgänge im Bereich des Sozialen waren die privat organisierten (überkonfessionellen) KindergärtnerInnen- und (konfessionellen) HeimerzieherInnenausbildungen zum Ende des 19. Jahrhunderts. Der Staat interessierte sich erst zu Beginn des 20. Jahrhunderts für diese Art „organisierter Nächstenliebe". Ab 1920 sahen die preußischen Bestimmungen für „Wohlfahrtspflegerinnen" nach einer zweijährigen Ausbildung und bestandener Prüfung an der Wohlfahrtsschule die „Bewährung" in einem anschließenden Berufsprobejahr vor (vgl. Rauschenbach/Züchner 2004, 65 ff.). Ab 1931 wurde dieses Muster zur reichseinheitlichen Ausbildungsform. Klare Ziele waren in den genannten Erlassen für das Probejahr allerdings nicht formuliert. Erst in den 1960er Jahren wurde aus dem Probejahr ein Berufspraktikum, dessen Ziel es war, die künftigen SozialarbeiterInnen mit der praktischen Verwaltungstätigkeit vertraut zu machen. In einem das Berufspraktikum abschließenden Kolloquium sollte festgestellt werden, ob ausreichende Fach- und Verwaltungskenntnisse vorhanden sind

(Einzelheiten bei Sperber 2004, 4ff.). Die staatliche Anerkennung hatte sich zu einem ‚Zusatzzertifikat für den Zugang zum öffentlichen Dienst" entwickelt (Rauschenbach/Züchner 2004, 70). Dieses Modell wurde schließlich zu Beginn der 1970er Jahre auch der Akademisierung der Ausbildung in der sozialen Arbeit in entsprechenden Diplomstudiengängen an den neu geschaffenen Fachhochschulen zugrunde gelegt.

12.1.2 Die staatliche Anerkennung und der Bologna-Prozess

Eines der „Kernziele" (Bundesregierung 2016, 4) des Bologna-Prozesses war die Einführung gestufter Studiengänge (undergraduate/graduate). Waren die existierenden Diplomstudiengänge auf acht Semester (einschließlich eines zwölfmonatigen integrierten oder nachgelagerten Berufspraktikums mit einer entsprechenden Prüfung) angelegt, sollten Bachelorstudiengänge nur noch sechs, höchstens sieben Semester dauern. Zunächst wurde diskutiert, ob auf das Modell der staatlichen Anerkennung insgesamt verzichtet werden sollte. Die Jugend- und Familienministerkonferenz schlug im Jahr 2008 schließlich eine Verknüpfung des Verfahrens der staatlichen Anerkennung mit der Akkreditierung der entsprechenden Studiengänge vor. Dafür wurden qualitative Voraussetzungen formuliert, die die Gewähr dafür bieten sollten, dass die AbsolventInnen von Sozialarbeitsstudiengängen die fachlichen Anforderungen der sozialen Praxis und damit der staatlichen Anerkennung erfüllen. Diese sind (JMFK 2008, 2; kritisch dazu Deutscher Berufsverband für Soziale Arbeit o.J.b):

- „Bachelorabschluss in einem Studiengang der Sozialen Arbeit,
- ausgewiesene Kenntnisse der relevanten deutschen Rechtsgebiete mit exemplarischer Vertiefung auf Landesebene sowie der Erwerb administrativer Kompetenzen,
- angeleitete Praxistätigkeit in von der Hochschule bzw. der zuständigen Behörde anerkannten, fachlich ausgewiesenen Einrichtungen der Sozialen Arbeit im Umfang von mindestens 100 Tagen und
- eine kritische Reflexion des in Hochschule und Praxisfeldern erworbenen Wissens unter den Bedingungen angeleiteter Praxis."

12.1.3 Die Regelungen der Bundesländer

Vierzehn der sechzehn Bundesländer griffen die von der JMFK formulierten fachlichen Anforderungen an die staatliche Anerkennung in ihren Regelungen auf. In Baden-Württemberg ist die staatliche Anerkennung mit dem Abschluss eines einschlägigen Studiums verbunden, ohne das ein Berufspraktikum vorgeschrieben wäre. Nach Wiesner et al. erfordert allerdings die Zulassung einschlägiger Studiengänge nach der Praxis des baden-württembergischen Wissenschaftsministeriums Praxisphasen von mindestens 100 Arbeitstagen (Wiesner et al. 2018, 8). Die saarländische „Ordnung über die staatliche Anerkennung" verlangt zwar für den Erwerb der staatlichen Anerkennung die Vorlage eines Nachweises über ein studienintegriertes Praxissemester, stellt für die Gestaltung dieses Praxissemesters aber keine Anforderungen auf.

Die Regelungen der Bundesländer zur staatlichen Anerkennung finden sich in Übersicht 31.

Anerkennungsgesetze und -verordnungen der Bundesländer

Übersicht 31

1. § 36 Abs. 6 Landeshochschulgesetz Baden-Württemberg

2. Bayerisches Sozial- und Kindheitspädagogengesetz (BaySozKiPädG)

3. Gesetz über die staatliche Anerkennung in sozialpädagogischen und sozialpflegerischen Berufen im Land Berlin (Sozialberufe-Anerkennungsgesetz – SozBAG)

4. Gesetz über die staatliche Anerkennung und die Weiterbildung in sozialen Berufen im Land Brandenburg (Brandenburgisches Sozialberufsgesetz – BbgSozBerG)

5. Ordnung zur staatlichen Anerkennung der Sozialpädagoginnen/Sozialarbeiterinnen und Sozialpädagogen/Sozialarbeiter im Lande Bremen (Anerkennungsordnung)

6. Hamburgisches Gesetz über die staatliche Anerkennung von Sozialpädagoginnen und Sozialarbeiterinnen bzw. Sozialpädagogen und Sozialarbeitern sowie von Kindheitspädagoginnen bzw. Kindheitspädagogen (Anerkennungsgesetz Soziale Arbeit)

7. Hessisches Gesetz über die staatliche Anerkennung von Sozialarbeiterinnen und -arbeitern, Sozialpädagoginnen und -pädagogen,

Heilpädagoginnen und -pädagogen sowie Kindheitspädagoginnen und -pädagogen (Sozialberufeanerkennungsgesetz)

8. Gesetz über die staatliche Anerkennung von Sozialberufen (Sozialberufe-Anerkennungsgesetz – SobAnG M-V) in Mecklenburg-Vorpommern

9. Verordnung über die staatliche Anerkennung von Berufsqualifikationen auf dem Gebiet der Sozialen Arbeit, der Heilpädagogik und der Bildung und Erziehung in der Kindheit in Niedersachsen(SozHeilKindVO)

10. Gesetz über die staatliche Anerkennung von Sozialarbeiterinnen und Sozialarbeitern, Sozialpädagoginnen und Sozialpädagogen, Kindheitspädagoginnen und Kindheitspädagogen sowie Heilpädagoginnen und Heilpädagogen in Nordrhein-Westfalen (Sozialberufe-Anerkennungsgesetz – SobAG)

11. Gesetz über die staatliche Anerkennung von Sozialarbeiterinnen und Sozialarbeitern sowie Sozialpädagoginnen und Sozialpädagogen in Rheinland-Pfalz (SoAnG)

12. Ordnung über die staatliche Anerkennung von Sozialarbeiterinnen/Sozialarbeitern und Sozialpädagoginnen/Sozialpädagogen sowie von Kindheitspädagoginnen/Kindheitspädagogen im Saarland

13. Gesetz über die staatliche Anerkennung von Absolventen mit Diplom oder Bachelor in den Fachgebieten des Sozialwesens, der Kindheitspädagogik oder der Heilpädagogik im Freistaat Sachsen (Sächsisches Sozialanerkennungsgesetz – SächsSozAnerkG)

14. Gesetz über die staatliche Anerkennung zu Berufs- und Studienabschlüssen auf den Gebieten der Sozialarbeit und der Sozialpädagogik sowie verwandten Gebieten im Land Sachsen-Anhalt (Sozialberufeanerkennungsgesetz Sachsen-Anhalt – SozBAnerkG LSA)

15. Landesverordnung über die Errichtung eines Prüfungsausschusses am Fachbereich Soziale Arbeit und Gesundheit an der Fachhochschule Kiel als untere Landesbehörde i.V.m. dem Erlass des Ministeriums für Wissenschaft, Wirtschaft und Verkehr des Landes Schleswig-Holstein zum Erwerb der Staatlichen Anerkennung als Sozialpädagogin/Sozialpädagoge, Sozialarbeiterin/Sozialarbeiter und als Kindheitspädagogin/Kindheitspädagoge

16. Thüringer Gesetz über die staatliche Anerkennung sozialpädagogischer Berufe (Thüringer Sozialberufe-Anerkennungsgesetz – ThürSozAnerkG)

12.2 Voraussetzungen der staatlichen Anerkennung

Die staatliche Anerkennung setzt zunächst einen einschlägigen Hochschulabschluss voraus. Außerdem sehen die meisten Länderregelungen die Notwendigkeit

- einer Überprüfung der Eignung der Praxisstellen,
- der fachlichen Anleitung und eines Ausbildungsplans,
- der Durchführung von Praxisbegleitveranstaltungen und
- eines Praktikums- oder Auswertungsberichts und eines Abschlusskolloquiums.

Die sonstigen, von der JFMK formulierten Anforderungen werden in unterschiedlicher Weise implementiert.

12.2.1 Angeleitetes Berufspraktikum

Die Regelungen zum erforderlichen angeleiteten Berufspraktikum unterscheiden sich hinsichtlich

- der Dauer des Berufspraktikums,
- des Erfordernisses eines ausgewiesenen sozialadministrativen Praxisanteils und
- der zeitlichen Lage im Studium (integriert oder postgradual).

In Tabelle 2 werden Baden-Württemberg und das Saarland mangels gesetzlicher oder Verordnungsregelung nicht erfasst.

Alle Anerkennungsgesetze und – Verordnungen halten zudem Regelungen vor, nach denen eine dem Berufspraktikum gleichwertige Berufstätigkeit auf das Berufspraktikum angerechnet werden kann.

Tabelle 2: Dauer des Berufspraktikums in den Bundesländern

	mindestens 100 Tage	ein integriertes Praxissemester	zwei integrierte Praxissemester	ein Jahr Praktikum postgradual
Bayern	x			
Berlin			x	
Brandenburg		x		
Bremen				x
Hamburg	x			
Hessen	(x)		(x)	(x)
Mecklenburg-Vorpommern	x			
Niedersachsen		(x)		(x)[1]
Nordrhein-Westfalen	(x)			(x)[2]
Rheinland-Pfalz			(x)	(x)
Sachsen	(x)			(x)
Sachsen-Anhalt		x[3]		
Schleswig-Holstein				x
Thüringen		x[3]		

(x)(x) = Das Landesrecht räumt den Hochschulen verschiedene Möglichkeiten der Ausgestaltung des Berufspraktikums ein.

[1] In Niedersachsen können die Hochschulen die Dauer des postgradualen Berufspraktikums auch auf sechs Monate festlegen.
[2] In Nordrhein-Westfalen umfasst der postgradual abzuleistende Praxisanteil mind. 100 Arbeitstage
[3] In Sachsen-Anhalt und Thüringen ist die Mindestdauer des integrierten Praktikums auf 20 Wochen festgelegt.

12.2.2 Erwerb ausgewiesener Rechtskenntnisse sowie administrativer Kompetenzen

Der Erwerb ausgewiesener Rechtskenntnisse der relevanten deutschen Rechtsgebiete mit exemplarischer Vertiefung auf Landesebene sowie der Erwerb administrativer Kompetenzen wird ausdrücklich in den Regelungen zur staatlichen Anerkennung der Länder Bayern, Hamburg, Hessen, Mecklenburg-Vorpommern und Nordrhein-Westfalen verlangt.

12.2.3 Sozialadministratives bzw. Verwaltungspraktikum

Ein ausdrücklich sozialadministratives bzw. Verwaltungspraktikum wird in den Anerkennungsregelungen der Länder Berlin (ein Semester), Bremen (drei Monate), Rheinland-Pfalz und Schleswig-Holstein (jeweils sechs Monate) verlangt.

12.3 Staatliche Anerkennung als Eingruppierungs- und Laufbahnvoraussetzung; Fachkräftevorbehalt

Die staatliche Anerkennung hat auch Relevanz für die tarifliche Eingruppierung oder den „Einstieg" in eine Beamtenlaufbahn und ist Voraussetzung für den Zugang zu bestimmten Tätigkeiten in der sozialen Arbeit.

12.3.1 Staatliche Anerkennung und Tarifrecht

Die Bezahlung Angestellter im öffentlichen Dienst der Kommunen richtet sich bei Tarifgebundenheit von ArbeitgeberIn und ArbeitnehmerIn bzw. im Fall einzelvertraglicher Inbezugnahme nach dem Tarifvertrag für den öffentlichen Dienst (TVöD). Die Tarifvertragsparteien greifen bei der Regelung der Vergütung von ArbeitnehmerInnen meistens auf folgende Regelungssystematik zurück: Das Arbeitsentgelt eines Arbeitnehmers bemisst sich nach einer bestimmten Lohn- oder Gehaltsgruppe, in die er aufgrund einer Kombination von personenbezogenen (bspw. Ausbildungsabschluss) und tätigkeitsbezogenen Merkmalen eingruppiert wird. Die Beschäftigten im kommunalen Sozial- und Erziehungsdienst (SuE) werden nach speziellen Entgelttabellen für den SuE (TVöD-SuE) vergütet.

SozialarbeiterInnen und SozialpädagogInnen mit staatlicher Anerkennung und entsprechender Tätigkeit werden bspw. in Entgeltgruppe S 11 b eingruppiert. Die Eingruppierung in höhere Entgeltgruppen setzt die Ausübung schwieriger oder herausgehobener Tätigkeiten oder die Übernahme besonderer Verantwortung voraus (Entgeltgruppen S 12, S 14, S 15 und S 18). Beschäftigte, die die Tätigkeit von SozialarbeiterInnen bzw. SozialpädagogInnen mit staatlicher Anerkennung ausüben, aber selbst nicht über diesen Abschluss mit staatlicher Anerkennung verfügen, werden in die Entgeltgruppe S 8 b eingruppiert.

Das Tarifrecht der großen Wohlfahrtsverbände („Richtlinien für Arbeitsverträge in den Einrichtungen des Deutschen Caritasverbandes"; „Arbeitsvertragsrichtlinien für Einrichtungen, die der Diakonie Deutschland angeschlossen sind") orientiert sich inhaltlich an den Tarifverträgen des öffentlichen Dienstes.

12.3.2 Staatliche Anerkennung und öffentliches Laufbahnrecht

Das Laufbahnrecht des Bundes und einiger Bundesländer unterscheidet zwischen dem einfachen, dem mittleren, dem gehobenen und dem höheren Dienst (vgl. § 17 BBG). Das Laufbahnrecht des Bundes (vgl. § 17 BBG), Brandenburgs und des Saarlandes unterscheidet zwischen dem einfachen, dem mittleren, dem gehobenen und dem höheren Dienst. Das Laufbahnrecht der übrigen Bundesländer kennt nur noch drei bzw. zwei Laufbahngruppen. Die Zulassung zu einer Laufbahn setzt üblicherweise einen bestimmten Bildungsabschluss und einen mit einer Laufbahnprüfung abgeschlossenen Vorbereitungsdienst voraus. Da der Personalbedarf des öffentlichen Dienstes nicht alleine mit AbsolventInnen des Vorbereitungsdienstes gedeckt werden kann, lässt das Laufbahnrecht die Ersetzung des mit einer Laufbahnprüfung abgeschlossenen Vorbereitungsdienstes durch ein abgeschlossenes Hochschulstudium oder einen sonstigen gleichwertigen Abschluss zu.

Einzelheiten zur Gleichwertigkeit von Ausbildungsabschlüssen mit dem durch Laufbahnprüfung abgeschlossenen Vorbereitungsdienst sind in den Laufbahnverordnungen des Bundes und der Länder geregelt. Die staatliche Anerkennung als „Ersatzzertifikat" gibt es bspw. für

- den gehobenen Sozialdienst nach § 39 Landeslaufbahnverordnung BaWü, § 25 der hess. Laufbahnverordnung, § 50 der Saarländischen Laufbahnverordnung und nach Anlage 1 Nr. II zu § 23 Abs. 1 Thüringer Laufbahngesetz;
- die Laufbahngruppe 2 nach § 15 Abs. 2 der Laufbahnverordnung allgemeiner Verwaltungsdienst Berlin, nach der Anlage 4 zu § 25 Niedersächsische Laufbahnverordnung, Anlage 1 zu § 2 der Laufbahnverordnung Sachsen-Anhalt oder § 24 Abs. 1 der Allg. Laufbahnverordnung Schleswig-Holstein.

12.3.3 Staatliche Anerkennung und Berufszugang

Für den Bereich sozialer Arbeit wird im Landesrecht teilweise geregelt, dass nur bestimmte Ausbildungsabschlüsse für die Ausübung bestimmter Tätigkeiten qualifizieren („Fachkräftevorbehalt"). Im vorliegenden Zusammenhang können nur Beispiele genannt werden.

- Im Bereich der Jugendhilfe fordert bspw. § 7 Abs. 1 Kindertagesbetreuungsgesetz (KiTaG) für Baden-Württemberg, dass Kinder in Einrichtungen durch pädagogisch qualifizierte Fachkräfte zu betreuen, zu erziehen und zu bilden sind. Nach § 7 Abs. 2 Nr. 3 KiTaG gehören staatlich anerkannte SozialpädagogInnen und -arbeiterInnen zu diesen pädagogisch qualifizierten Fachkräften. Als solche sind sie auch zur Leitung einer Kindertageseinrichtung befugt (§ 7 Abs. 6 S. 1 Nr. 1a KiTaG). Eine ähnliche Regelung enthält § 2 Abs. 1 Nr. 1a, 9 der Kindertagesstätten- und –tagespflegeverordnung (KiTaVO) Schleswig-Holstein.
- Besonders oft fordern landesrechtliche Regelungen für den Zugang zu den ambulanten und stationären sozialen Diensten der Justiz (Bewährungshilfe, Gerichtshilfe, Führungsaufsicht, Sozialdienst im Justizvollzug) einen Abschluss als staatlich anerkannter Sozialarbeiter oder -pädagoge (§ 2 Abs. 3 Justizsozialar-

beitsgesetz BaWü, § 1 Abs. 2 Landesgesetz über den Sozialdienst der Justiz RLP, § 17 Gesetz zur ambulanten Resozialisierung und Opferhilfe Saarland, § 6 Abs. 1 der Anordnung über Organisation, Aufgaben und Dienstbetrieb des Ambulanten Justizsozialdienstes in Niedersachsen und der Führungsaufsichtsstellen sowie über die Wahrnehmung der Aufgaben der Opferhilfe im Rahmen der Stiftung Opferhilfe Niedersachsen, Abschnitt 49 Nr. 1 Niedersächsische Ausführungsvorschriften für den Strafvollzug, Nr. 2.6.1.1 der Richtlinien für die Fachdienste bei den Justizvollzugseinrichtungen des Landes Nordrhein-Westfalen).
- Ein weiteres Beispiel für einen über die staatliche Anerkennung geregelten Berufszugang ist § 6 Abs. 1 S. 2 Saarländisches Krankenhausgesetz, nach dem Fachkräfte des Sozialdienstes im Krankenhaus in der Regel staatlich anerkannte SozialarbeiterInnen oder SozialpädagogInnen sind.

 Literatur

Rauschenbach, T., Züchner, I. (2004): Die Akademisierung des Sozialen. Zugänge zur wissenschaftlichen Etablierung der Sozialen Arbeit. In: Münchmeier (Hrsg.), VS Verlag für Sozialwissenschaften, Wiesbaden. S. 65–81.

12.4 Der praktische Fall: Wer die Wahl hat, hat die Qual

Die 18jährige Schülerin Steffi will nach dem Abitur soziale Arbeit studieren. Aus privaten Gründen möchte sie den Studienabschluss möglichst schnell, d. h. zunächst ohne Absolvierung eines Berufspraktikums machen. Hierzu hat sie folgende Fragen:

1. Wo könnte ich den BA-Abschluss ohne Berufspraktikum erwerben?
2. Wieviel würde ich im kommunalen öffentlichen Dienst weniger verdienen, wenn ich als Sozialarbeiterin ohne staatliche Anerkennung bezahlt werde?
3. In welchen Bundesländern könnte ich die staatliche Anerkennung nachholen und sind die Bedingungen dafür überall die gleichen?

13 Versicherungsrecht

Berufsrisiken bzw. Berufsnachteile, etwa in Bezug auf Krankheiten, Unfälle und fehlerhafte Tätigkeiten, können durch Versicherungen gemindert werden. Durch eine vertragliche oder eine gesetzliche Versicherung wird ein bestimmter Fall für die ArbeitnehmerInnen abgesichert. Bei Eintreten des Versicherungsfalls wird eine bestimmte Leistung der Versicherung fällig. In diesem Kapitel wird in Grundzügen das für das Berufsrecht bedeutsame vertragliche und gesetzliche Versicherungsrecht erörtert.

13.1 Privatrechtliche Versicherung

Im Gegensatz zur gesetzlichen Versicherung entsteht die privatrechtliche Versicherung durch einen Vertrag zwischen einer Privatperson, VersicherungsnehmerIn, und einem Unternehmen, VersichererIn. Der Deutsche Berufsverband für die Soziale Arbeit e. V. bietet beispielsweise seinen Mitgliedern Diensthaftpflichtversicherungen direkt an (Deutscher Berufsverband für Soziale Arbeit o. J.c). Geregelt wird das privatrechtliche Versicherungsvertragsrecht durch das Versicherungsvertragsgesetz (VVG). Es kann als ein besonderes Schuldrecht angesehen werden wie das Arbeitsvertragsrecht. Andere zivilrechtliche Regelungen, wie das BGB, finden im Rahmen des Versicherungsvertragsrechts nur Anwendung, wenn das VVG dies bestimmt oder es selbst die jeweilige rechtliche Situation nicht abschließend regelt (Schimikowski 2017, Rn. 12). In der folgenden Übersicht 32 werden die für das Berufsrecht relevanten Ausschnitte des Versicherungsvertragsgesetzes dargestellt.

Versicherungsvertragsgesetz (VVG)

Übersicht 32

1. Teil 1: Allgemeiner Teil: §§ 1–99
1.1 Allgemeine Vorschriften: §§ 1–18
  1.1.1 Vertragstypische Pflichten: § 1
  1.1.2 Information des Versicherungsnehmers: § 7
  1.1.3 Widerrufsrecht des Versicherungsnehmers: § 8
  1.1.4 Rechtsfolgen des Widerrufs: § 9
  1.1.5 Beginn und Ende der Versicherung: § 10
  1.1.6 Verlängerung, Kündigung: § 11
  1.1.7 Versicherungsperiode: § 12
  1.1.8 Änderung von Anschrift und Name: § 13
  1.1.9 Fälligkeit der Geldleistung: § 14
  1.1.10 Hemmung der Verjährung: § 15
1.2 Obliegenheiten: §§ 19–32
1.3 Prämie: §§ 33–42
1.4 Mitteilungs- und Beratungspflichten: §§ 59–68

2. Teil 2: Einzelne Versicherungszweige
2.1 Haftpflichtversicherung: §§ 100–124
2.2 Rechtsschutzversicherung: §§ 125–129
2.3 Lebensversicherung: §§ 150–171
2.4 Berufsunfähigkeitsversicherung: §§ 172–177
2.5 Unfallversicherung: §§ 178–191
2.6 Krankenversicherung: §§ 192–208

13.1.1 Grundzüge des Versicherungsvertragsgesetzes

Das Versicherungsvertragsgesetz ist zum Schutz der VersicherungsnehmerInnen und zur Rechtsklarheit erlassen worden (Schimikowski 2017, Rn. 4). Es beinhaltet zwingendes, halbzwingendes und abänderbares Recht. Zwingendes Recht ist z. B., dass eine vereinbarte Freistellung der VersichererInnen von der Verzugszinszahlungspflicht gem. § 14 Abs. 3 VVG unwirksam ist. Eine halbzwingende Regelung darf nicht zum Nachteil der VersicherungsnehmerInnen abgeändert werden, w. z.B. das Widerrufsrecht der VersicherungsnehmerInnen nach §§ 8, 18 VVG (Schimikowski 2017, Rn. 6 ff.).

Der Versicherungsvertrag ist in § 1 VVG geregelt. Nach § 1 S. 1 VVG verpflichtet sich der Versicherer „mit dem Versicherungsvertrag, ein bestimmtes Risiko des Versicherungsnehmers oder eines

Dritten durch eine Leistung abzusichern, die er bei Eintritt des vereinbarten Versicherungsfalles zu erbringen hat." Gem. § 1 S. 2 VVG müssen die VersicherungsnehmerInnen den VersichererInnen die vereinbarte Zahlung, Prämie genannt, leisten. Während in dem ersten Teil des Gesetzes allgemeine Vorschriften für vertraglich geschlossene Versicherungen geregelt sind, enthält der zweite Teil Bestimmungen zu ausgewählten Versicherungen.

13.1.2 Allgemeine Versicherungsbedingungen (AVB)

Unter den Allgemeinen Versicherungsbedingungen werden Allgemeine Geschäftsbedingungen i. S. v. § 305 Abs. 1 BGB verstanden (Schimikowski 2017, Rn.17). Die Einbeziehung und Wirksamkeit der AVB in Bezug auf den Versicherungsvertrag beurteilen sich nach §§ 305 ff. BGB.

13.1.3 Bedeutung der privatrechtlichen Versicherung für das Arbeitsverhältnis

Der Abschluss bzw. der Nicht-Abschluss einer Versicherung kann Auswirkungen auf die ArbeitnehmerInnenhaftung haben (vgl. Linck in: Schaub 2017, § 59 Rn.46–48). Wenn eine gesetzlich vorgeschriebene Haftpflichtversicherung zugunsten der ArbeitnehmerInnen einen Schadensersatz übernimmt, können die ArbeitnehmerInnen sich nicht auf die Grundsätze des innerbetrieblichen Schadensausgleiches berufen. Bei einer freiwillig von den ArbeitnehmerInnen abgeschlossenen Haftpflichtversicherung können dagegen die genannten Grundsätze greifen. Wenn die ArbeitnehmerInnen sich dagegen gegenüber den ArbeitgeberInnen vor Eingehung des Arbeitsverhältnisses zu dem Abschluss einer privaten Haftpflichtversicherung wirksam verpflichten, ggfs. auch diesbezüglich eine gesonderte Vergütung erhalten, kann diese Versicherung im Gegensatz zur gänzlich freiwilligen Versicherung bei der ArbeitnehmerInnenhaftung berücksichtigt werden (BAG 28.10.2010 – 8 AZR 418/09).

13.2 Unfallversicherung (SGB VII)

Regelungsgegenstände der Unfallversicherung nach dem SGB VII werden in der folgenden Übersicht 33 dargestellt.

Unfallversicherung (SGB VII)   *Übersicht 33*

1. Versicherter Personenkreis: §§ 2–6
2. Versicherungsfall: §§ 7–13
3. Leistungen nach Eintritt eines Versicherungsfalls: §§ 26–103
3.1 Heilbehandlung: §§ 27–34
3.2 Teilhabe am Arbeitsleben: § 35
3.3 Teilhabe am Leben in der Gemeinschaft: §§ 39–43
3.4 Pflege: § 44
3.5 Geldleistungen während der Heilbehandlung und der Leistungen zur Teilhabe am Arbeitsleben: §§ 45–52
3.6 Renten, Beihilfen, Abfindungen: §§ 56–80a

13.2.1 Versicherter Personenkreis und Leistungen

Gem. § 2 Abs. 1 Nr. 1 SGB VII sind Beschäftigte bzw. ArbeitnehmerInnen gesetzlich in der Unfallversicherung versichert. Ein Versicherungsfall in Form eines Arbeitsunfalls gem. § 8 SGB VII oder in Form einer Berufskrankheit nach § 9 SGB VII kann Leistungen der Unfallversicherung nach §§ 26 ff. SGB VII auslösen.

13.2.2 Arbeitsunfall

Nach § 8 Abs. 1 S. 1 SGB VIII ist ein Arbeitsunfall ein Unfall einer versicherten Person, w. z. B. der Unfall eines Arbeitnehmers infolge seiner versicherten betrieblich veranlassten Tätigkeit. Unter einem Unfall wird gem. § 8 Abs. 1 S. 2 ein zeitlich begrenztes, von außen auf den Körper einwirkendes Ereignis verstanden, das zum Gesundheitsschaden oder zum Tod führt. Wenn einem Sozialarbeiter beispielsweise während einer Inobhutnahme von einem Vater ein blaues Auge geschlagen wird, kann dies als Arbeitsunfall bewertet werden.

Zu den Arbeitsunfällen können aufgrund §8 Abs.2 SGB VII auch Unfälle auf dem direkten Weg zwischen Arbeitsstätte und Wohnung zählen, wobei Umwege nur in engen Grenzen geschützt sind (Kokemoor 2018, Rn.258).

13.2.3 Berufskrankheit

Gem. §9 S.1 SGB VII sind Berufskrankheiten grundsätzlich Krankheiten, welche „die Bundesregierung durch Rechtsverordnung mit Zustimmung des Bundesrates als Berufskrankheiten bezeichnet und die Versicherten", wie z.B. SozialarbeiterInnen als ArbeitnehmerInnen infolge der betrieblich veranlassten Tätigkeiten erleiden. Während bei einem Arbeitsunfall ein zeitlich begrenztes Ereignis von außen auf den Körper einwirkt, entsteht eine Berufskrankheit aufgrund einer länger dauernden Einwirkung (Kokemoor 2018, Rn.254, 264).

13.3 Weitere ausgewählte Versicherungen

13.3.1 Arbeitslosenversicherung

Versicherungspflichtig in der Arbeitslosenversicherung sind Beschäftigte gem. §§24f. Ein Anspruch auf Arbeitslosengeld I besteht gem. §§136f. SGB III, wenn jemand arbeitslos ist, sich bei der Agentur für Arbeit arbeitslos gemeldet und die Anwartschaftszeit erfüllt hat und nicht im Rentenalter i.S.d. SGB VI ist. Die Anwartschaftszeit ist gem. §142 Abs.1 S.1 SGB III i.V.m. §143 Abs.1 SGB III erfüllt, wenn jemand innerhalb von zwei Jahren mindestens zwölf Monate in einem Versicherungspflichtverhältnis gestanden hat. Die Höhe des Arbeitslosengeldes I beträgt gem. §149 Nr.2 SGB III für kinderlose Arbeitslose 60 Prozent „des pauschalisierten Nettoentgelts (Leistungsentgelt), das sich aus dem Bruttoentgelt ergibt, das die oder der Arbeitslose im Bemessungszeitraum erzielt hat (Bemessungsentgelt)." Nach §147 Abs.2 SGB III beträgt die Dauer des Anspruchs sechs Monate bei einer Dauer des Versicherungspflichtverhältnisses von mindestens zwölf Monaten und zwölf Monate bei einer Dauer des Versicherungspflichtverhältnisses von 24 Monaten. Ab der Vollendung des 50. Lebensjahres ist eine höhere Anspruchsdauer als zwölf Monate möglich. Eine Minderung des Arbeitslosengeldanspruches kommt unter den Voraussetzungen der §§ 155 ff. SGB III in Betracht.

Wenn ein Anspruch auf Arbeitslosengeld I nicht besteht und mangels Einkommen eine Hilfebedürftigkeit besteht, können Ansprüche nach dem SGB II und nach dem SGB XII in Betracht kommen (vgl. Sauer et al. 2016).

13.3.2 Kranken-, Pflegeversicherung, (SGB V, XI)

In der gesetzlichen Krankenversicherung haben versicherungspflichtige Angestellte i.S.v. § 5 Abs. 1 Nr. 1 SGB V einen Anspruch auf die in § 11 SGB V genannten Leistungen. Wenn ArbeitnehmerInnen pflegebedürftig i.S.v. §§ 14 ff. SGB XI sind, kommen Leistungen der Pflegeversicherung gem. §§ 36 ff. SGB XI in Betracht.

13.3.3 Gesetzliche Rentenversicherung (SGB VI), Rehabilitation und Teilhabe von Menschen mit Behinderung (SGB IX)

In der gesetzlichen Rentenversicherung versicherungspflichtig sind gem. § 1 S. 1 Nr. 1 SGB VI gegen Arbeitsentgelt Beschäftigte, für welche nach Eintritt eines Versicherungsfalles die in § 33 SGB VI genannten Rentenarten in Betracht kommen. So kommt beispielsweise eine Regelaltersrente nach § 33 Abs. 2 Nr. 1 SGB VI in Betracht, wenn die Voraussetzungen des § 35 SGB VI erfüllt sind. Nach dieser Vorschrift müssen die Regelaltersgrenze erreicht und die allgemeine Wartezeit erfüllt sein.

Im Rahmen der Rehabilitation und Teilhabe von Menschen mit Behinderung nach dem SGB IX ist eine Beschäftigungspflicht der Arbeitgeber zur Beschäftigung schwerbehinderter Menschen gem. §§ 71 ff. SGB IX und ein Kündigungsschutz gem. §§ 85 ff. SGB IX vorgesehen.

Literatur

Schmikowski, P. (2017): Versicherungsvertragsrecht, 6. Aufl., C. H. Beck Verlag, München

13.4 Der praktische Fall: Aller Anfang ist schwer

Achim hat vor drei Monaten seine erste Stelle als Sozialarbeiter angetreten. Auf Anraten seiner Kollegen hat er eine Diensthaftpflichtversicherung abgeschlossen. Von der Versicherung bekam er neben den Versicherungsunterlagen auch einen USB-Stick, auf welchem zu sämtlichen Versicherungen des Unternehmens die jeweiligen AVB gespeichert waren. Kurz nach Abschluss der Versicherung baut er mit dem Dienstwagen fahrlässig einen Unfall, da er so schnell wie möglich zu einer Inobhutnahme fahren wollte. Ein paar Tage später passiert ihm wieder ein Unglück. Auf dem Rückweg vom Mittagessen zur Dienststelle wird er von einem Auto angefahren. Nach 18 Monaten merkt Achim, dass die Arbeit für ihn nichts ist. Er kündigt fristgemäß seine Arbeitsstelle.

1. Nach welchen Vorschriften beurteilt sich die Wirksamkeit der Diensthaftpflichtversicherung?
2. Sind die AVB Vertragsbestandteil geworden?
3. Ist es in Bezug auf den Unfall mit dem Dienstwagen erheblich, dass Achim eine Diensthaftpflichtversicherung abgeschlossen hat?
4. Ist der Unfall im Rahmen des Mittagessens ein Arbeitsunfall?
5. Hat Achim einen Anspruch auf Arbeitslosengeld I?

14 Rechtsschutz

Wer um Rechtsschutz nachsucht, muss in der Regel ein (staatliches) Gericht anrufen. In Deutschland gibt es sieben Gerichtsbarkeiten, und zwar zwei auf dem Gebiet des Zivilrechts (die Zivilgerichts- und die Arbeitsgerichtsbarkeit) und fünf im Bereich des öffentlichen Rechts (die Verfassungs-, Verwaltungs-, Sozial-, Finanz- und die Strafgerichtsbarkeit; Näheres bei Wabnitz 2018, Kap. 7.1). Aus historischen Gründen – zunächst gab es nur hier unabhängige Gerichte – werden die Zivil- und die Strafgerichtsbarkeit unter dem Begriff „ordentliche Gerichtsbarkeit" zusammengefasst.

Im Rahmen dieses Grundkurses ist näher einzugehen auf Fragen des Rechtsschutzes im Bereich der (allgemeinen) Zivil-, der Arbeits- und der Strafgerichtsbarkeit.

14.1 Rechtsschutz im allgemeinen Zivilrecht

Die (allgemeine) Zivilgerichtsbarkeit ist zuständig für alle Streitigkeiten auf dem Gebiet des Zivilrechts (siehe insbesondere Kap. 9 und 13, aber auch im Bereich etwa des Kauf-, Miet-, sonstigen Vertrags- oder Verkehrsrechts) mit Ausnahme von Streitigkeiten auf dem Gebiet des Arbeitsrechts (siehe Kap. 1 bis 5).

14.1.1 Aufbau der Zivilgerichtsbarkeit

Dazu die folgende Übersicht:

Überblick über den Aufbau der (allgemeinen) Zivilgerichtsbarkeit *(Übersicht 34)*

1. Oberste Instanz: Bundesgerichtshof (zuständig für Revisionen und Rechtsbeschwerden)
2. Mittlere Instanzen (zuständig für Berufungen und Beschwerden):
2.1 Oberlandesgericht

2.2 Landgericht

3. Eingangsinstanzen:
3.1 Landgericht
3.2 Amtsgericht

Die vorstehende Übersicht macht deutlich, dass es (wie auch bei den anderen Gerichtsbarkeiten mit Ausnahme der Verfassungsgerichtsbarkeit) einen mehrstufigen so genannten „Instanzenzug" gibt. Das heißt, der Gerichtsprozess beginnt in der jeweiligen Eingangsinstanz, in der alle Tatsachen umfassend ermittelt und festgestellt werden (einschließlich der Anhörung von Zeugen etc.) und in der alle einschlägigen Rechtsfragen umfassend geprüft und entschieden werden. Dies ist in der Zivilgerichtsbarkeit je nach Höhe des Streitwertes entweder das Amtsgericht oder (bei Streitwerten ab 5.000 € gem. § 23 Nr. 1 GVG) gem. § 71 Abs. 1 GVG das Landgericht.

Im Instanzenzug folgt sodann in der Regel entweder das Landgericht oder das Oberlandesgericht als jeweils nächsthöhere, so genannte „Berufungs- oder Beschwerde-Instanz", in der der gesamte Prozess noch einmal umfassend neu „aufgerollt" wird. Die dritte und letzte Instanz ist der Bundesgerichtshof (BGH) als so genannte „Revisions- oder Rechtsbeschwerde-Instanz", in der der zuvor festgestellte Sachverhalt nicht noch einmal überprüft wird und nur noch Rechtsfragen erörtert und entschieden werden.

Besonderheiten im Instanzenzug, auf die hier nicht einzugehen ist, bestehen in Familien- und Betreuungssachen. In der Zivilgerichtsbarkeit sind – anders als in der Mehrzahl der anderen Gerichtsbarkeiten – ausschließlich BerufsrichterInnen tätig.

14.1.2 Verfahren im 1. Rechtszug

Wenn z. B. ein Geschädigter jemanden auf Schadensersatz in Anspruch nehmen möchte, der eine unerlaubte Handlung nach § 823 BGB begangen hat oder für eine solche nach § 832 BGB haften muss (siehe Kap. 9.1) und der nicht freiwillig zur Leistung von Schadensersatz bereit ist, muss er diesen vor dem Amtsgericht oder (ab einem Streitwert von 5.000 €) vor dem Landgericht verklagen. Das Gerichtsverfahren vor dem Amtsgericht kann der

Geschädigte selbst betreiben; bei allen zivilgerichtlichen Verfahren vor dem Landgericht (sowie dem Oberlandesgericht und dem BGH) müssen sich die Parteien gemäß § 78 Abs. 1 ZPO durch einen Rechtsanwalt vertreten lassen.

Das Verfahren wird gemäß § 253 ZPO durch Einreichung einer Klageschrift bei Gericht eingeleitet. Das Gericht stellt die Klageschrift dem Beklagten mit einer Frist zur Klageerwiderung oder mit der Ladung zu einem ersten Termin oder zu einer Güteverhandlung zu (vgl. §§ 271 ff. ZPO sowie Stock et al. 2016, Kap. C, 2.3.2). Wenn es bei einem ersten Termin zu keiner Erledigung kommt, wird eine Hauptverhandlung mit Beweisaufnahme anberaumt. Das Verfahren wird abgeschlossen durch einen gerichtlich protokollierten Vergleich, wenn die Parteien dazu bereit sind, ansonsten durch gerichtliches Urteil. Dieses kann im Zwangsvollstreckungsverfahren nach den §§ 704 ff. ZPO durchgesetzt werden.

Geht es, wie bei einer Vielzahl von Zivilprozessen, um die Durchsetzung offener Geldforderungen, ist es oft möglich, mittels eines Mahnbescheides des Amtsgerichts nach § 692 ZPO das so genannte Mahnverfahren nach den §§ 688 ff. ZPO anzustrengen, das ggf. wesentlich schneller zu einem vollstreckbaren Titel in Form eines Vollstreckungsbescheides nach § 699 ZPO führen kann (dazu im Einzelnen Stock et al. 2016).

14.1.3 Rechtsmittel, Kosten

Gegen Endurteile des Amtsgerichts bzw. des Landgerichts in erster Instanz kann gemäß § 511 ZPO Berufung eingelegt werden, wenn der Wert des Beschwerdegegenstandes 600 € übersteigt oder das Gericht des ersten Rechtszuges die Berufung im Urteil zugelassen hat. Zu einem Revisionsverfahren vor dem BGH kommt es nur selten, nämlich gemäß § 542 ff. ZPO nur dann, wenn die Rechtssache grundsätzliche Bedeutung hat und die Revision deshalb zugelassen worden ist.

Gerichtsverfahren vor den Zivilgerichten sind in der Regel mit erheblichen Kosten und entsprechenden Kostenrisiken verbunden. Es werden insbesondere Gerichtsgebühren und Anwaltskosten fällig, die allein in erster Instanz grob kalkuliert bei etwa einem Drittel des Streitwertes liegen können (vgl. Stock et al. 2016). Die Kosten muss am Ende diejenige Partei tragen, die den Prozess verloren hat (vgl. § 91 ZPO).

Auf der anderen Seite soll niemand aus finanziellen Gründen davon abgehalten werden, vor Gericht sein Recht zu suchen und durchzusetzen. Deshalb gibt es die Möglichkeit, Prozesskostenhilfe nach den §§ 114 ff. ZPO zu beantragen, in deren Genuss nicht nur „arme" Menschen kommen können, sondern ggf. auch solche mit durchschnittlichem oder sogar überdurchschnittlichem Einkommen (vgl. § 115 ZPO sowie dazu im Einzelnen: Wabnitz 2018, Kap. 7.3; Trenczek et al. 2018, Kap. I. 4. 2; Kievel et al. 2018, Kap. 22 A. III.).

Voraussetzung ist insbesondere, dass eine hinreichende Erfolgsaussicht besteht, die Rechtsverfolgung nicht „mutwillig" erscheint und die Kosten nicht selbst aufgebracht werden können (vgl. § 114 ZPO). Mögliche Gegenstände der Prozesskostenhilfe sind (vgl. § 122 ZPO) die Gerichtskosten, Gerichtsvollzieherkosten sowie die Kosten des eigenen Anwalts, nicht jedoch die Kosten des Anwalts der Gegenseite, sodass insoweit auch bei Prozesskostenhilfe ein Kostenrisiko verbleibt!

Häufig empfiehlt es sich vor Erhebung einer gerichtlichen Klage (auch) deshalb, um Beratungshilfe nach dem Beratungshilfegesetz (BerHG) nachsuchen (dazu Wabnitz 2018, Kap. 7.2.1; Trenczek et al. 2018, Kap. I. 4. 2; Kievel et al. 2018, Kap. 22 A. II.).

14.2 Rechtsschutz im Arbeitsrecht

Für arbeitsrechtliche Streitigkeiten ist ein besonderer Rechtsweg vorgesehen: die Arbeitsgerichtsbarkeit als besondere Zivilgerichtsbarkeit nach dem ArbGG. Der Rechtsweg zu den Arbeitsgerichten ist gem. §§ 2, 2a, 48 ArbGG insbesondere in den in der folgenden Übersicht dargestellten arbeitsrechtlichen Materien eröffnet (siehe auch Kap. 1 bis 5, Kievel et al. 2018, Kap. 20; Trenczek et al. 2018, Kap. V. 3):

Überblick über die Zuständigkeiten der Arbeitsbarkeit gem. §§ 2, 2a ArbGG

1. Rechtsstreitigkeiten zwischen Tarifvertragsparteien
2. Rechtsstreitigkeiten zwischen ArbeitnehmerInnen und ArbeitgeberInnen betreffend u. a.
2.1 das Arbeitsverhältnis und Ansprüche daraus

2.2 unerlaubte Handlungen, soweit diese mit dem Arbeitsverhältnis im Zusammenhang stehen

3. Rechtsstreitigkeiten betreffend Ansprüche auf Leistungen der Insolvenzsicherung

4. Rechtsstreitigkeiten zwischen EntwicklungshelferInnen, TeilnehmerInnen an Freiwilligendiensten und den jeweiligen TrägerInnen dieser Dienste

5. Angelegenheiten aus dem Betriebsverfassungsgesetz

6. Angelegenheiten aus dem Mitbestimmungsgesetz

7. weitere bestimmte Angelegenheiten nach dem Berufsbildungsgesetz, Tarifvertragsgesetz u. a.

Da die Arbeitsgerichtsbarkeit eine besondere Zivilgerichtsbarkeit darstellt, ist auch das arbeitsgerichtliche Verfahren weitgehend ähnlich wie das zivilgerichtliche Verfahren im ArbGG geregelt, teilweise auch durch Verweise auf die ZPO. Es kann deshalb auf die Ausführungen in Kap. 14.1 verwiesen werden. Im Folgenden werden nur einige wichtige Besonderheiten des arbeitsgerichtlichen Verfahrens dargestellt.

14.2.1 Aufbau der Arbeitsgerichtsbarkeit

Dazu die folgende Übersicht:

Überblick über den Aufbau der Arbeitsgerichtsgerichtsbarkeit

Übersicht 36

1. Oberste Instanz: Bundesarbeitsgericht (zuständig für Revisionen und Rechtsbeschwerden)

2. Mittlere Instanz (zuständig für Berufungen und bestimmte Arten von Beschwerden): Landesarbeitsgericht

3. Eingangsinstanz: Arbeitsgericht

Anders als in der allgemeinen Zivilgerichtsbarkeit sind die Arbeitsgerichte nicht nur mit Berufsrichtern, sondern gemäß §6

ArbGG auch „mit ehrenamtlichen Richtern aus den Kreisen der Arbeitnehmer und Arbeitgeber besetzt"; dies, weil Letztere bzw. die Gewerkschaften und Arbeitgeberverbände in der Arbeitswelt wie im Arbeitsrecht eine besondere Rolle spielen.

14.2.2 Verfahren im 1. Rechtszug

Die Parteien können vor dem Arbeitsgericht den Prozess grundsätzlich selbst führen, sie können sich aber auch durch einen Rechtsanwalt oder auch durch volljährige Familienangehörige, Beschäftigte, Rechtssekretäre der Gewerkschaften bzw. als Mitglieder von Arbeitgeberverbänden durch deren Verbandsvertreter vertreten lassen (vgl. §11 ArbGG). Für die Gewährung von Prozesskostenhilfe gelten ohne Einschränkungen die §§114ff. ZPO. Dabei besteht auch die Möglichkeit, eine Anwaltsbeiordnung zu beantragen, wenn auch der Gegner anwaltlich vertreten ist und die Klage nicht offensichtlich mutwillig erscheint (vgl. §121 ZPO).

Im Arbeitsgerichtsprozess ist gemäß §46 Abs.2 Satz 2 ArbGG weder ein früher erster Termin noch ein schriftliches Vorverfahren vorgesehen, sondern dieser beginnt mit einer Güteverhandlung, die auch vor dem Vorsitzenden Richter alleine stattfinden kann (vgl. §54 ArbGG) und die bei Kündigungsschutzklagen innerhalb von zwei Wochen nach Klageerhebung stattfinden soll (§61a Abs.2 ArbGG). Kommt in der Güteverhandlung eine gütliche Einigung nicht zustande, so schließt sich nach §54 Abs.4 ArbGG die streitige Verhandlung im selben Termin unmittelbar an bzw. ist ein neuer Termin zur streitigen Verhandlung zu bestimmen; diese hat „alsbald" stattzufinden.

Vor dem Landesarbeitsgericht und dem Bundesarbeitsgericht müssen sich die Parteien durch Prozessbevollmächtigte vertreten lassen, vor dem Landesarbeitsgericht auch durch Vertretungen von Seiten der Gewerkschaften und Arbeitgeberverbände. In der dritten Instanz vor dem Bundesarbeitsgericht herrscht Anwaltszwang (vgl. §11 Abs.4 ArbGG).

14.2.3 Rechtsmittel, Kosten

Betreffend die möglichen Rechtsmittel, im Wesentlichen Berufung und Revision, wird auf Kap. 14.1 und 14.2.1 verwiesen.

Um dem Arbeitnehmer „als der potentiell schwächeren Partei" (Wörlen/Kokemoor 2017, Vierter Teil, IV. 1.) entgegenzukommen, ist das Kostenrisiko des Klägers, der im Arbeitsrecht zumeist der Arbeitnehmer sein wird, reduziert: Die Gerichtsgebühren sind deutlich niedriger als in der Zivilgerichtsbarkeit (vgl. § 12 Abs. 1 bis 3 ArbGG) und in der ersten Instanz besteht kein Anspruch der obsiegenden Partei auf Erstattung der Kosten für einen Rechtsanwalt oder Prozessbevollmächtigten (§ 12a Abs. 1 Satz 1 ArbGG).

14.3 Rechtsschutz im Strafrecht

Während der Zivilprozess sowie der Arbeitsgerichtsprozess dem Interessenausgleich zwischen Privatpersonen und der Verwaltungs-, Sozial- und Finanzgerichtsprozess in der Regel der Durchsetzung von Rechten „gegenüber dem Staat" dienen, bezweckt das Strafrecht den Schutz von Rechtsgütern durch die Garantie von Normgeltung im Allgemeininteresse (Kindhäuser et al. 2017, Vorbemerkung zu § 1, Rn. 4) und zugleich die Durchsetzung des staatlichen Strafmonopols.

Von daher ist das Rechtsschutzsystem im Strafprozess nach der StPO anders ausgestaltet als in den anderen Verfahrensarten (vgl. Kap. 10 sowie Wabnitz 2018, Kap. 13.1 und 14.1) und es gelten für den Strafprozess vielfach andere Grundsätze und Prinzipien als in den anderen Gerichtsverfahren, u.a. das Legalitäts-, Offizial- und Akkusationsprinzip, aber auch die Unschuldsvermutung bis zum Nachweis der Schuld und der Grundsatz „in dubio pro reo"/„im Zweifel für den Angeklagten" (Wabnitz 2018, Kap. 14.1; Trenczek et al. 2018, Kap. IV. 3.2).

14.3.1 Aufbau der Strafgerichtsbarkeit

Die Strafgerichtsbarkeit ist wie die Zivilgerichtsbarkeit Teil der sog. „ordentlichen Gerichtsbarkeit", sodass auch der Gerichtsaufbau grundsätzlich identisch ist: Auch in der Strafgerichtsbarkeit gibt es Amtsgerichte, Landgerichte, Oberlandesgerichte sowie den BGH (siehe Kap. 14.1.1). Wie die Zivilgerichtsbarkeit ist auch die Strafgerichtsbarkeit grundsätzlich dreistufig organisiert. In einigen Fällen gibt es jedoch auch nur zwei Instanzen:

- das Landgericht oder Oberlandesgericht als einzige „Tatsacheninstanz" (mit Beweiserhebung und Feststellung des Sachverhalts) bei besonders schweren Verbrechen wie z.B. Mord und Totschlag bzw. in Staatsschutzangelegenheiten wie z.B. Hoch- oder Landesverrat (vgl. §§ 74, 74a, 120 GVG)
- sowie den BGH als Revisionsinstanz, der wie auch sonst nur über Rechtsfragen entscheidet.

Welches Gericht im Strafprozess die jeweilige Eingangsinstanz darstellt, zumeist das Amtsgericht oder das Landgericht, hängt nicht wie im Zivilprozess von einem Streitwert (in €) ab, sondern in der Regel von der im Einzelfall zu erwartenden Höhe der Strafe (vgl. § 24 Abs. 1 sowie § 74 GVG).

Und während in der Zivilgerichtsbarkeit ausschließlich BerufsrichterInnen tätig sind, sind dies bei den Amts- und Landgerichten in der Strafgerichtsbarkeit in sehr differenzierter Weise Spruchkörper mit Berufs- und Laienrichtern („Schöffen"; vgl. §§ 28 ff., 76).

14.3.2 Verfahren im 1. Rechtszug

Im Strafverfahren lassen sich drei Verfahrensabschnitte unterscheiden:

- das Ermittlungs- oder Vorverfahren
- das strafgerichtliche Zwischenverfahren sowie
- die Hauptverhandlung vor dem Strafgericht

(dazu im Einzelnen: Wabnitz 2018, Kap. 14.1; Stock et. al. 2016, Kap. C, 4.5; Kievel et al. 2018, Kap. 15, D II., Trenczek et al. 2018, Kap. IV. 3.3). Entsprechend differenziert sind auch die Rechte von betroffenen BürgerInnen ausgestaltet, die gemäß § 157 StPO zunächst als „Beschuldigte", sodann als „Angeschuldigte" und schließlich als „Angeklagte" bezeichnet werden.

Das strafrechtliche Ermittlungsverfahren beginnt in der Regel durch Strafanzeige oder Strafantrag. Daraufhin haben die Staatsanwaltschaft und die Polizei – letztere als Hilfsorgan der Staatsanwaltschaft, obwohl bei der Polizei der Schwerpunkt der Ermittlungstätigkeit liegt – den Sachverhalt zu erforschen und dabei nicht nur die zur Belastung, sondern auch die zur Entlastung dienenden Umstände zu ermitteln (vgl. §§ 158, 160, 163 StPO).

Bei Beginn der ersten Vernehmung ist dem Beschuldigten zu eröffnen, welche Tat ihm zur Last gelegt wird und welche Strafvorschriften in Betracht kommen. Der Beschuldigte ist darauf hinzuweisen, dass es ihm freisteht, sich zu der Beschuldigung zu äußern oder nicht zur Sache auszusagen und jederzeit, auch schon vor seiner Vernehmung, einen von ihm zu wählenden Verteidiger zu befragen. Dem Beschuldigten ist Gelegenheit zu geben, die gegen ihn vorliegenden Verdachtsgründe zu beseitigen. Auch zu einem späteren Zeitpunkt kann sich der Beschuldigte in jeder Lage des Verfahrens des Beistandes eines Verteidigers bedienen (vgl. §§ 136 ff. StPO). Möglich und ggf. notwendig ist auch die Bestellung eines Pflichtverteidigers (vgl. §§ 140, 141 StPO). Die StPO enthält darüber hinaus zahlreiche Vorschriften über zulässige und unzulässige Maßnahmen von Polizei und Staatsanwaltschaft im Ermittlungsverfahren und über Rechte des Beschuldigten, sich ggf. dagegen zur Wehr zu setzen.

Die Staatsanwaltschaft hat am Ende des Ermittlungsverfahrens entweder das Verfahren einzustellen oder sie hat öffentliche Klage durch Einreichung einer Anklageschrift bei dem zuständigen Strafgericht zu erheben, wenn die Ermittlungen „genügenden Anlass" dafür bieten (vgl. § 170 StPO).

Im Rahmen des sogenannten strafgerichtlichen Zwischenverfahrens ist dem Angeschuldigten vom Vorsitzenden des Gerichts gem. § 201 StPO die Anklageschrift mitzuteilen; zugleich ist er aufzufordern, dazu innerhalb einer zu bestimmenden Frist Stellung zu nehmen. Sodann prüft und entscheidet das Strafgericht, ggf. nach Anordnung weiterer Beweiserhebungen, ob das Hauptverfahren zu eröffnen ist. Bei Vorliegen eines „hinreichenden" Tatverdachts ergeht gemäß § 203 StPO ein entsprechender Beschluss über die Eröffnung des Hauptverfahrens, der von dem Angeklagten gemäß § 210 Abs. 1 StPO nicht angefochten werden kann. Anderenfalls beschließt das Strafgericht gemäß § 204 StPO, das Hauptverfahren nicht zu eröffnen und macht diesen Beschluss dem Angeschuldigten bekannt.

Für die öffentliche Hauptverhandlung gelten sodann zahlreiche

Rechtsschutz im Strafrecht 147

detaillierte Vorschriften (§§ 212 bis 295 StPO); die wichtigsten Aspekte sind in der folgenden Übersicht dargestellt:

Öffentliche Hauptverhandlung vor dem Strafgericht

Übersicht 37

1. Mündlichkeits- und Unmittelbarkeitsgrundsatz: keine Hauptverhandlung gegen einen nicht anwesenden Angeklagten
2. Vernehmung des Angeklagten zur Person
3. Verlesung der Anklage durch die Staatsanwaltschaft; Belehrung des Angeklagten und Vernehmung zur Sache
4. Beweisaufnahme
5. Schlussvortrag (Plädoyer) der Staatsanwaltschaft, ggf. von Nebenklägern
6. Schlussvortrag (Plädoyer) des Verteidigers
7. letztes Wort des Angeklagten
8. nicht-öffentliche Beratung des Gerichts
9. mündliche Verkündung und Begründung des Urteils „im Namen des Volkes": Freispruch, Verurteilung oder Einstellung des Verfahrens; Rechtsmittelbelehrung
10. Fertigstellung des Sitzungsprotokolls sowie Niederschrift des Urteils und der Gründe
11. Zustellung des Urteils

14.3.3 Rechtsmittel, Kosten

In Betracht kommen die Rechtsmittel der Berufung und/oder der Revision (siehe Kap. 14.1.1, 14.3.1). Bei rechtskräftigen Strafurteilen schließt sich das Strafvollstreckungsverfahren nach den §§ 449 ff. StPO an. Zu späteren Zeitpunkten kommen ggf. in Betracht: eine Begnadigung (§ 452 StPO), eine Aussetzung eines Strafrestes vor Ablauf der Verurteilung mit Festsetzung einer Bewährungszeit (§§ 454 ff. StPO) oder in seltenen Fällen ein Aufschub oder ein Absehen (von) der Vollstreckung einer Freiheitsstrafe (§§ 455 ff. StPO).

Verurteilte haben grundsätzlich die Kosten des Verfahrens zu tragen; bei Freispruch oder Ablehnung der Eröffnung des Hauptverfahrens oder Einstellung des Verfahrens fallen die Auslagen grundsätzlich der Staatskasse zur Last (vgl. §§ 465, 467 StPO). Die Kosten eines zurückgenommenen oder erfolglos eingelegten Rechtsmittels treffen gemäß § 473 Abs. 1 StPO grundsätzlich denjenigen, der es eingelegt hat.

Beratungshilfe gibt es in Angelegenheiten des Strafrechts nur für die außergerichtliche Beratung (§ 2 Abs. 2 Satz 2 BerHG); anstatt der Prozesskostenhilfe gibt es die Pflichtverteidigung.

 Literatur

Kievel, W., Knösel, P., Marx, A., Sauer, J. (2018): Recht für soziale Berufe. Basiswissen kompakt. 8. Aufl. Luchterhand, Köln

Kindhäuser, U. (2017): Strafgesetzbuch. Lehr- und Praxiskommentar. 7. Aufl. Nomos, Baden-Baden

Schleicher, H. (2014): Jugend- und Familienrecht. 14. Aufl. C. H. Beck, München

Schulze, R. (2017): Bürgerliches Gesetzbuch. Handkommentar. 9. Aufl. Nomos, Baden-Baden

Stock, C., Schermaier-Stöckl, B., Klomann, V., Vitr, A. (2016): Soziale Arbeit und Recht. Lehrbuch. Nomos, Baden-Baden

Trenczek, T., Tammen, B., Behlert, W., von Boetticher, A. (2018): Grundzüge des Rechts. Studienbuch für soziale Berufe. 5. Aufl. Ernst Reinhardt, München

Wabnitz, R. J. (2015): Grundkurs Bildungsrecht für Pädagogik und Soziale Arbeit. Ernst Reinhardt, München

Wabnitz, R. J. (2018): Grundkurs Recht für die Soziale Arbeit. 4. Aufl. Ernst Reinhardt, München

Wörlen, R., Kokemoor, A. (2017): Arbeitsrecht. 12. Aufl. Franz Vahlen, München

14.4 Der praktische Fall: Mobbing und Körperverletzung

Arbeitnehmer Otto arbeitet seit über 20 Jahren in der Firma des Arbeitgebers Mayer. Dort hat sich das Betriebsklima in den letzten Jahren sehr verschlechtert, u.a. auch deshalb, weil mehrere neue Mitarbeiter eingestellt worden sind, die den „Alteingesessenen" zeigen wollen, wer „jetzt das Sagen hat".

Arbeitnehmer Hans hat Otto bereits wiederholt „gemobbt". Eines Tages schlägt Hans Otto in der Mittagspause mit einer Eisenstange krankenhausreif. Was kann Otto nach Rückkehr aus dem Krankenhaus unternehmen, ggf. auf welche Weise?

Lösungen der praktischen Fälle

Lösung Fall 1.4: Die Einzelfallhelferin

1. Ob ein Arbeitsvertrag oder ein freier Dienstvertrag vorliegt, beurteilt sich nach § 611a Abs. 1 BGB. Nach dieser Vorschrift liegt ein Arbeitsvertrag vor, wenn „der Arbeitnehmer im Dienste eines anderen zur Leistung weisungsgebundener, fremdbestimmter Arbeit in persönlicher Abhängigkeit verpflichtet" (§ 611a Abs. 1 BGB) wird. Die Weisungsgebundenheit beurteilt sich danach, ob ArbeitnehmerInnen im Wesentlichen frei oder nicht frei ihre Tätigkeit gestalten können. Für die Feststellung sind alle Umstände heranzuziehen. Die Bezeichnung des Vertrages ist unerheblich, wenn die tatsächliche Vertragsdurchführung auf ein Arbeitsverhältnis hinweist. Im vorliegenden Fall unterliegt Elisabeth dem Vertrag nach keinen Weisungen und wird nach geleisteten Stunden bezahlt. Dass sie einmal im Monat an einer Teambesprechung teilzunehmen hat und einen Raum für freie MitarbeiterInnen mitnutzen kann, hat keine persönliche Abhängigkeit zur Folge. Daher liegt in diesem Fall ein freier Dienstvertrag vor.

2. Wenn ein Arbeitsvertrag vorliegt, gelten im Gegensatz zum freien Dienstvertrag die arbeitsrechtlichen Sonderschutzbestimmungen, wie zum Beispiel das Kündigungsschutzgesetz, das Mutterschutzgesetz, das Bundesurlaubsgesetz, das Entgeltfortzahlungsgesetz und das Arbeitszeitgesetz.

3. In dieser Abwandlung ist ein Arbeitsvertrag gegeben. Aus der Gesamtbetrachtung aller Umstände im Sinne von § 611a S. 5 BGB ergibt sich in diesem Fall eine persönliche Abhängigkeit von Elisabeth zum Sozialhilfeverein. Die Bezeichnung des Vertrages als Vertrag über eine freie Mitarbeit ist in diesem Fall gem. § 611a S. 6 BGB unerheblich. Auch der Erhalt eines Stundenhonorars ändert nichts an der Einordnung des Vertrages als Arbeitsvertrag.

4. Elisabeth hat in den nächsten Jahren einen Anspruch auf das Weihnachtsgeld, wenn die Voraussetzungen einer betrieblichen Übung erfüllt sind. Diese Voraussetzungen sind erfüllt, wenn das Weihnachtsgeld bisher an Elisabeth vorbehaltslos geleistet worden ist und Elisabeth daher weiterhin auf die Zahlung des Geldes vertrauen darf.

5. Die Richtlinien können als Allgemeine Geschäftsbedingungen gem. § 305 Abs. 1 BGB eingeordnet werden, so dass sie einer Inhaltskontrolle nach § 307 BGB unterzogen werden können. § 310 Abs. 4 S. 3 BGB steht dem nicht entgegen, da es sich bei den Richtlinien nicht um einen Tarifvertrag handelt.

Lösung Fall 2.4: Fragen und Lügen

1. Wenn Simon die Stelle bekommt, ist zu untersuchen, ob die wahrheitswidrige Beantwortung einer Frage für die Stadt jeweils einen Anfechtungsgrund darstellt.

Wenn auf erlaubte Fragen wahrheitswidrig geantwortet wird und der Bewerber aufgrund dieser Antworten die Stelle bekommt, kommt ein Anfechtungsgrund nach § 119 Abs. 2 BGB wegen Irrtums über eine verkehrswesentliche Eigenschaft des Vertragspartners oder, bei bewusst wahrheitswidriger Antwort, nach § 123 Abs. 1 Var. 1 BGB wegen arglistiger Täuschung in Betracht. Wenn dagegen eine unzulässige Frage wahrheitswidrig beantwortet wird und aufgrund der Beantwortung der Frage der Bewerber eingestellt wird, kann weder ein Irrtum über eine verkehrswesentliche Eigenschaft des Vertragspartners angenommen werden noch eine arglistige Täuschung.

Fraglich ist daher, ob die gestellten Fragen jeweils erlaubt oder unerlaubt sind. Unerlaubt bzw. unzulässig sind die Fragen, wenn sie gegen Simons allgemeines Persönlichkeitsrecht nach Art. 1 Abs. 1 GG in Verbindung mit Art. 2 Abs. 1 GG oder gegen Benachteiligungsverbot nach § 7 Abs. 1 AGG i. V.m. §§ 1, 2 Abs. 1 Nr. 1 AGG verstoßen.

Die Frage nach der Kirchenzugehörigkeit ist in diesem Fall unzulässig, da sie eine Benachteiligung aus Gründen der Religion im Sinne von § 1 AGG beinhalten kann. Eine Rechtfertigung der Frage nach § 9 AGG kommt nicht in Betracht, da es sich bei der Stadt H. nicht um eine kirchliche Einrichtung handelt.

Eine Frage nach dem Vorverdienst ist unzulässig (Schaub/Koch 2018, 360). Sie kann als ein Verstoß gegen Simons allgemeines Persönlichkeitsrecht angesehen werden.

Die Frage nach der sexuellen Ausrichtung Simons ist auch unzulässig wegen einer möglichen Benachteiligung im Sinne von § 1 AGG, nämlich aus Gründen der sexuellen Identität.

Dagegen ist die Frage nach einer Vergangenheit als Mitarbeiter des Staatssicherheitsdienstes der DDR als zulässig anzusehen (LArbG Berlin-Brandenburg 16.10.2017 – 5 Sa 462/17) genauso wie der Frage nach der Berufserfahrung.

Im Gegensatz zu den übrigen Fragen können also die beiden zuletzt genannten Fragen Anfechtungsgründe nach §§ 119 Abs. 2, 123 Abs. 1 Var. 2 BGB für die Stadt H. darstellen.

2. Wenn Simon die Stelle nicht bekommt, ist zu prüfen, ob er einen Anspruch auf eine angemessene Entschädigung gem. § 15 Abs. 1, 2 AGG hat. Ein solcher Anspruch besteht, wenn ein verschuldeter Verstoß gegen das Benachteiligungsverbot nach § 7 Abs. 1 AGG vorliegt. Nach § 11 AGG darf ein Arbeitsplatz nicht unter Verstoß gegen § 7 Abs. 1 AGG ausgeschrieben werden. Ein solcher Verstoß kann vorliegen aufgrund einer Benachteiligung im Sinne von § 1 AGG aus Gründen des Geschlechts. Die Formulierung der Stellenanzeige, in der nach einer Sozialarbeiterin gesucht wird, beinhaltet ein Indiz im Sinne von § 22 AGG für eine solche Benachteiligung. Nach § 22 AGG muss demnach das Jugendamt bzw. die Stadt Hamburg darlegen, dass trotz der Anzeige die Stelle ohne Benachteiligung von Männern nach der Qualifikation besetzt worden ist. Dies kann z. B. durch eine Dokumentation des Auswahlverfahrens geschehen, aus der hervorgeht, dass das Geschlecht des Bewerbers bei der Stellenauswahl keine Rolle spielte. Da eine solche Dokumentation im Sachverhalt nicht erwähnt wird, ist davon auszugehen, dass eine Benachteiligung des Simon wegen seines Geschlechts trotz der Einladung zum Vorstellungsgespräch vorliegt. Mangels anderweitiger Angaben im Sachverhalt ist zudem davon auszugehen, dass der Verstoß gegen das Benachteiligungsverbot verschuldet ist.

Somit besteht ein Anspruch des Simon auf angemessene Entschädigung gem. § 15 Abs. 1, 2 AGG gegen die Stadt H.

Lösung Fall 3.4: Der gemobbte Whistleblower

1. Die Gefängnisleitung darf Gerhard die Weisung erteilen, an der Abschiebung von Gefangenen mitzuwirken, wenn der Arbeitsvertrag dies zulässt, die Mitwirkung keine Strafbarkeit von Gerhard begründet, nicht rechtswidrig ist und die Weisung nicht unbillig im Sinne von § 106 GewO ist.

Der Arbeitsvertrag lässt eine Mitwirkung zu, wenn er sicherheitsdienstliche Aufgaben beinhaltet. Wenn der Arbeitsvertrag ausschließlich sozialarbeiterische Tätigkeiten beinhaltet, wie Beratung und Betreuung, wird vertreten, dass dann eine Weisung zur Mitwirkung in Form der Ermittlung einer Staatsangehörigkeit unwirksam sei (Weiser 2017, 433). Die Weisung zur Begleitung von Flüchtlingen auf Flügen zurück in ihre Heimat sei nur möglich bei einem Arbeitsvertrag, der eine solche Mitwirkungspflicht beinhalte.

Wenn die Mitwirkung eine Strafbarkeit begründet, wie zum Beispiel bei der Verletzung der Schweigepflicht nach § 203 Abs. 1 Nr. 5 StGB, ist die Weisung unwirksam (Weiser 2017, 429f.). Auch nicht verbindlich ist die Weisung, wenn sie rechtswidrig ist, wie z. B. das unerlaubte Betreten von Wohnungen (Weiser 2017, 430). Schließlich kann eine Weisung nicht verbindlich sein aufgrund Unbilligkeit im Sinne von § 106 GewO. Eine solche Unbilligkeit kann vorliegen, wenn die Weisung nicht mit der Berufsethik von SozialarbeiterInnen vereinbar ist (Weiser 2017, 433). Wenn allerdings beispielsweise im Arbeitsvertrag die Begleitung von Flüchtlingen bei Abschiebungen mit dem Flugzeug vereinbart ist, kann sich ein Sozialarbeiter nach Treu und Glauben gem. § 242 BGB wegen ansonsten widersprüchlichen Verhaltens (Unterzeichnung des Arbeitsvertrages trotz Berufsethos) nicht auf sein allgemeines Persönlichkeitsrecht, seine Gewissensfreiheit und seine Berufsethik berufen.

2. Bernd durfte die Strafanzeigen stellen und verletzte dadurch nicht seine Treue- bzw. Nebenpflicht aus § 241 Abs. 2 BGB. Beim sog. Whistle Blowing verletzt der Arbeitnehmer seine Treupflicht aus § 241 Abs. 2 BGB gegenüber dem Arbeitnehmer nicht, wenn er zuvor versucht hat, eine innerdienstliche Klärung herbeizuführen, seine Angaben nicht leichtfertig wahrheitswidrig abgibt und das öffentliche Interesse an der Offenlegung das Interesse des Arbeitgebers an der Geheimhaltung überwiegt. Bernd hatte zuvor erfolglos eine innerdienstliche Klärung versucht. Da mehrere Gefangene unabhängig voneinander ihm von dem rechtswidrigen Verhalten von Bernd berichteten, durfte Gerhard davon ausgehen, dass die Aussagen der Gefangen der Wahrheit entsprachen. Da an der Offenlegung von Misshandlung Gefangener durch Wachpersonal ein hohes öffentliches Interesse besteht, überwiegt dieses Interesse das Interesse des Arbeitgebers an der Geheimhaltung. Gerhards Strafanzeige war also zulässig.

3. Aus der Fürsorgepflicht nach § 241 Abs. 2 BGB folgt, dass die Geschäftsleitung Gerhard vor Mobbing schützen muss.

4. Wenn die Gefängnisleitung ihre Fürsorgepflicht aus § 241 Abs. 2 BGB verletzt, indem sie keine Maßnahmen gegen das Mobbing von Gerhard durchführt, darf Gerhard aufgrund § 273 Abs. 1 BGB seine Arbeitskraft verweigern.

5. Wenn Gerhard bereit ist bei hinreichendem Schutz gegen das Mobbing zu arbeiten, behält er aufgrund Annahmeverzuges des Arbeitgebers gem. §§ 298, 326 Abs. 2 BGB seinen Anspruch auf Vergütung.

Lösung Fall 4.4: Zurück nach 20 Jahren

1. Ob die Kündigung wirksam ist hängt zunächst davon ab, ob im Rahmen eines befristeten Vertrages eine Kündigungsmöglichkeit besteht. Nach § 15 Abs. 3 TzBfG kann ein befristeter Arbeitsvertrag ordentlich gekündigt werden, wenn dies einzel- oder tarifvertraglich vereinbart worden ist.

Wenn eine solche vertragliche Vereinbarung vorliegt, ist zu prüfen, ob die Voraussetzungen für eine ordentliche Kündigung vorliegen. Es wird davon ausgegangen, dass eine Kündigungserklärung und eine ordnungsgemäße Beteiligung des Betriebsrats vorliegen und ein besonderer Kündigungsschutz nicht eingreift. Da Beate seit einem Jahr bei der Einrichtung beschäftigt ist, keine leitende Angestellte ist und die Einrichtung über 30 MitarbeiterInnen verfügt, ist das Kündigungsschutzgesetz gem. §§ 1 Abs. 1, 14, 23 KSchG anwendbar. Fraglich ist, ob die Kündigung sozial gerechtfertigt ist. Aufgrund des Sachverhaltes könnte eine personenbedingte Kündigung gem. § 1 Abs. 2 S. 1 KSchG wegen unverschuldeter Schlechtleistung vorliegen. Eine personenbedingte Kündigung setzt voraus, dass die Arbeitnehmerin in Zukunft nicht ihre vertragliche Leistungsverpflichtung erbringen kann, diese Nichterfüllung die betrieblichen oder wirtschaftlichen Interessen des Arbeitgebers erheblich beeinträchtigt, der Arbeitgeber sie nicht auf einem anderen Arbeitsplatz beschäftigen kann und schließlich die Interessen des Arbeitgebers an der Vertragslauflösung die Interessen der Arbeitnehmerin an der Weiterführung des Vertrages überwiegen (Linck in: Schaub 2017, § 131 Rn.2). Das Vorliegen dieser Voraussetzungen geht aus dem Sachverhalt nicht hervor. Daher ist eine ordentliche Kündigung nicht möglich.

2. Da für Beates Befristung kein Sachgrund vorliegt, ist die Befristung ihres Arbeitsvertrages wirksam, wenn die Voraussetzungen des § 14 Abs. 2 TzBfG erfüllt sind. Nach § 14 Abs. 2 TzBfG ist eine Befristung eines Arbeitsvertrages ohne Sachgrund bis zur Dauer von zwei Jahren möglich, wenn mit demselben Arbeitgeber nicht bereits zuvor ein Arbeitsverhältnis bestanden hat. Im vorliegenden Fall war Beate bereits vor 20 Jahren bei dieser Einrichtung beschäftigt gewesen, so dass eine Befristung nach § 14 Abs. 2 TzBfG nicht mehr möglich gewesen wäre. Zu prüfen ist, ob die Beschäftigung Beates so lange zurück liegt, dass entgegen dem Wortlaut des § 14 Abs. 2 TzBfG eine Befristung trotz des vorigen Arbeitsverhältnisses möglich ist. Nach einer Entscheidung des Bundesarbeitsgerichts (BAG 6.4.2011 – 7 AZR 716/097) war eine sachgrundlose Befristung trotz Vorbeschäftigung beim selben Arbeitgeber möglich, wenn diese Vorbeschäftigung mehr als drei Jahre zurücklag. Danach wäre die Befristung von Beates Arbeitsvertrag wirksam. Diese Rechtsprechung ist durch das Bundesverfassungsgericht als verfassungswidrig eingestuft worden, da sie die Grenzen richterlicher Rechtsfortbildung missachte. Nach dem Bundesverfassungsgericht ist „ein generelles Verbot der sachgrundlosen Befristung bei nochmaliger Einstellung bei demselben Arbeitgeber" nur unzumutbar, „wenn und soweit eine Gefahr der Kettenbefristung in Ausnutzung der strukturellen Unterlegenheit der Beschäftigten nicht besteht und das Verbot der sachgrundlosen Befristung nicht erforderlich ist, um das unbefristete Arbeitsverhältnis als Regelbeschäftigungsform zu erhalten." Nach dem Bundesverfassungsgericht ist das u. a. möglich, „wenn eine Vorbeschäftigung sehr lang zurückliegt" (BVerfG 16.6.2018 – 1 BvL 7/14, 1 BvR 1375/14). Die Vorbeschäftigung von Beate liegt 20 Jahre zurück. Dies kann als ein sehr langer Zeitraum gewertet werden, so dass demnach auch nach der Rechtsprechung des Bundesverfassungsgericht die Vorbeschäftigung keine Auswirkung auf die Befristung hat und somit die Befristung wirksam ist.

3. Für das Schließen eines Aufhebungsvertrages sind die allgemeinen Regelungen über Rechtsgeschäfte maßgeblich. Der Aufhebungsvertrag könnte wegen widerrechtlicher Drohung gem. § 123 Abs. 1 Var. 2 BGB angefochten werden. Nach dieser Vorschrift ist eine Anfechtung möglich, wenn Beate dem Aufhebungsvertrag zugestimmt hat aufgrund einer widerrechtlichen Drohung. Die Mitteilung des Arbeitgebers kann ohne weitere Aussagen bzw. Handlungen vom Wortlaut her nicht als widerrechtliche Drohung gewertet werden, da der Arbeitgeber das Recht hat, mit erlaubten Mitteln seine Ziele zu verfolgen. Damit ist Beate an den Aufhebungsvertrag gebunden.

4. Wenn der Arbeitgeber über keinen wirksamen Entlassungsgrund verfügt, ist eine Aufhebung des Arbeitsvertrages gegen Beates Willen durch ein gerichtliches Urteil gem. § 9 KSchG möglich. Wenn ein Arbeitsverhältnis durch eine Kündigung nicht aufgelöst ist, kann das Arbeitsgericht auf Antrag des Arbeitgebers den Vertrag auflösen unter Verurteilung des Arbeitgebers zur Zahlung einer angemessenen Abfindung, wenn „eine den Betriebszwecken dienliche weitere Zusammenarbeit zwischen Arbeitgeber und Arbeitnehmer" nicht zu erwarten ist. Für eine solche Auflösung gibt es im Sachverhalt nicht ausreichend Hinweise, so dass eine solche Auflösung nicht in Betracht kommt.

5. Die Zeugnisformulierung für Beate entspricht einem „ungenügend". Der Arbeitgeber muss darlegen und beweisen, dass die Leistungen von Beate schlechter als befriedigend bzw. ungenügend waren. Gelingt dies ihm nicht, hat Beate einen Anspruch auf ein „befriedigendes" Zeugnis.

Lösung Fall 5.4: Die Schulsozialarbeiterin

1. Eine betrieblich veranlasste Tätigkeit setzt eine arbeitsvertragliche Verpflichtung oder ein betriebliches Interesse an der Tätigkeit voraus. Zur Geburtstagsfeier ist Susi weder arbeitsvertraglich verpflichtet noch besteht ein betriebliches Interesse an der Feier. Somit handelt es sich bei der Geburtstagsfeier nicht um eine betrieblich veranlasste Tätigkeit.

2. Volker hat zu Susi persönlich keine vertraglichen Beziehungen, so dass ein Schadensersatzanspruch nach § 280 Abs. 1 BGB ausscheidet. Ein Anspruch besteht dagegen aus unerlaubter Handlung gem. § 823 Abs. 1 BGB, den Volker, vertreten durch seine Eltern (vgl. §§ 1626 ff. BGB), gegen Susi durchsetzen kann. Dadurch dass Susi Volker ihren Ellenbogen in den Bauch gerammt hat, liegt eine Handlung von Susi vor, durch die das Smartphone, das im Eigentum des Volkers steht, beschädigt wurde und somit eine Rechtsgutverletzung i. S. v. § 823 Abs. 1 BGB verursacht hat. Susi handelte vorsätzlich. Die Rechtsgutverletzung ist ursächlich für den Schaden. Der Umfang des Schadensersatzes bestimmt sich nach §§ 249 ff. BGB. Ein Mitverschulden von Volker i. S. v. § 254 BGB lässt sich aus dem Sachverhalt nicht hinreichend klar entnehmen.

3. Aufgrund der vorsätzlichen Körperverletzung gem. § 223 Abs. 1 StGB hat Susi gegen den freien Träger keinen Ersatzanspruch entsprechend § 670 BGB. Ein solcher Anspruch besteht für den Ersatz von Schäden, welche den ArbeitnehmerInnen während der vertraglichen Arbeit im Betätigungsbereich der ArbeitgeberInnen entstehen und welche die ArbeitnehmerInnen mangels besonderer Vergütung nicht tragen müssen. Wenn eine Ersatzpflicht der ArbeitgeberInnen in entsprechender Anwendung des § 670 BGB eintritt, ist ein Mitverschulden der ArbeitnehmerInnen in entsprechender Anwendung des § 254 BGB nach den Grundsätzen des innerbetrieblichen Schadensausgleiches zu berücksichtigen (BAG 11.08.1988 – 8 AZR 721/85). Selbst wenn im vorliegenden Fall Susis Verhalten als vertragliche Arbeit im Tätigkeitsbereich des freien Trägers gewertet würde und nicht als Verhalten „bei Gelegenheit einer veranlassten betrieblichen Tätigkeit", so würde ihr Ersatzanspruch in entsprechender Anwendung des § 254 BGB nach den

Grundsätzen des innerbetrieblichen Schadensausgleiches ausgeschlossen sein, da sie vorsätzlich gehandelt hatte.

4. Der Eigentümer des Rolls-Royce hat gegen Susi einen Schadensersatzanspruch gem. § 823 Abs. 1 BGB. Da Susi den Schaden am Rolls-Royce im Rahmen einer dienstlichen Fahrt fahrlässig verursachte und es sich dabei um eine betrieblich veranlasste Tätigkeit handelte, kommt ein Ausgleichsanspruch in entsprechender Anwendung der §§ 670, 254 BGB i. V.m. § 13 Abs. 1 GmbHG gegen den freien Träger für Susi nach den Grundsätzen des innerbetrieblichen Schadensausgleiches in Betracht. Bei einem fahrlässigen Verhalten der Arbeitnehmerin kann grundsätzlich von einer hälftigen Schadensaufteilung zwischen Arbeitgeberin und Arbeitnehmerin ausgegangen werden. Im vorliegenden Fall ist jedoch zu bedenken, dass Susi zum Zeitpunkt des Tatgeschehens eine Berufsanfängerin in der Probezeit war, die Vertretung von zwei Kolleginnen übernehmen musste und nur ein monatliches Bruttogehalt von 2.700 Euro bekam. Diese Umstände und die Tatsache, dass das Bruttogehalt und der eingetretene Schaden in einem erheblichen Missverhältnis zueinander stehen, rechtfertigen, dass in diesem Fall die Arbeitgeberin des freien Trägers den Schaden am Rolls-Royce im Ergebnis mit einem höheren Anteil zu tragen hat als Susi (a. A. vertretbar). § 13 Abs. 1 GmbHG regelt, dass eine GmbH eigenständig verklagt werden kann.

Lösung Fall 6.4: Bewährungshilfe in der Kneipe?

Nils könnte strafrechtlich (§ 203 Abs. 1 Nr. 6 StGB) zur Verschwiegenheit über das Gehörte verpflichtet sein, wenn ihm

- ein fremdes Geheimnis
- als staatlich anerkanntem Sozialarbeiter
- anvertraut oder sonst bekannt geworden ist.

1. Geheimnisse sind Tatsachen, die nur einem Einzelnen oder einem beschränkten Personenkreis bekannt sind, und an deren Geheimhaltung der Betroffene ein von seinem Standpunkt aus berechtigtes Interesse hat. Der Umstand der Drogeneinfuhr ist eine Tatsache. Bernd gibt an, dass er diese Tatsache ‚nicht an die große Glocke gehängt habe', sie mithin nur einem beschränkten Personenkreis bekannt ist.

Diese nur einem beschränkten Personenkreis bekannte Tatsache wird zu einem Geheimnis i. S.v. § 203 StGB, wenn der Betroffene an deren Geheimhaltung ein von seinem Standpunkt aus berechtigtes Interesse hat („illegales Geheimnis"). Die Einfuhr von Betäubungsmitteln ohne Erlaubnis stellt eine Straftat nach § 29 Abs. 1 S. 1 Nr. 1 BtMG dar. B., der momentan einem Bewährungshelfer unterstellt ist (§ 56 d StGB), droht bei Begehen einer Straftat in der Bewährungszeit der Widerruf der Strafaussetzung zur Bewährung (§ 56 f. Abs. 1 S. 1 Nr. 1 StGB). Der Bewährungswiderruf setzt weder einen kriminologischen Zusammenhang zwischen der „Bewährungstat" und der Tat, die Anlass für einen Widerruf gibt, noch eine Vergleichbarkeit nach Art und Schwere der Taten voraus (OLG Hamburg 14.03.2011 – 2 Ws 26, 27/11 – BeckRS 2011, 07057). Der Umstand, dass ein Strafverfahren wegen der Einfuhr einer geringen Menge für den Eigenbedarf nach § 31 a Abs. 1 S. 1 BtMG eingestellt werden könnte, schließt einen Bewährungswiderruf somit nicht von vornherein aus. Damit besteht von Bernds Standpunkt ein berechtigtes Interesse an der Geheimhaltung, da bei einem Bewährungswiderruf die zur Bewährung ausgesetzte Freiheitsstrafe vollstreckt werden würde.

Fremd ist jedes nicht den Berufsrollenträger, sondern eine andere Person betreffende Geheimnis. Dies ist hier der Fall.

2. Weiterhin kommt es darauf an, dass dem Nils das fremde Geheimnis „als" staatlich anerkanntem Sozialarbeiter anvertraut oder sonst bekanntgeworden ist. Hier ist bedeutsam, dass er das Geheimnis nach Dienstschluss, also in seiner Freizeit erfahren hat. Allerdings soll der Geheimnisschutz auch dann gelten, wenn jemand in privatem Kontext – und sei es auch gegen seinen Willen – gezielt in seiner beruflichen Eigenschaft in Anspruch genommen wird (Lenckner/Eisele in: Schönke et al. 2014, § 203 Rn. 14; Kargl in: Kindhäuser et al. 2017, § 203 Rn. 14). Da Bernd Nils zwar privat, aber ausdrücklich in seiner Berufsrolle anspricht, verhindert der private Kontext nicht, dass dem Nils „als" Berufsrollenträger ein Geheimnis anvertraut wurde.

Teilweise wird vertreten, staatlich anerkannte Sozialarbeiter, die als Bewährungshelfer tätig sind, unterfielen nicht der beruflichen Schweigepflicht. Begründet wird dies mit den Kontrollaufgaben der Bewährungshilfe und deren Mitteilungspflichten gegenüber dem Gericht (§ 56 d Abs. 3 S. 2 und 3 StGB) und dem Umstand, dass diese nicht von der ebenfalls durch das Gesetz geforderten Hilfe und Betreuung zu trennen seien (so vor allem Schenkel 1995, 67 ff.). Zutreffend hieran ist, dass Hilfe und Kontrolle in der sozialen Arbeit miteinander verbunden sind, ja sich überschneiden und gerade in ihrem Zusammenwirken – und mit den sich daraus ergebenden Schwierigkeiten – die Beziehung zum Probanden prägen. Der Gesetzgeber wollte mit § 203 StGB aber gerade das Geheimhaltungsinteresse von Klienten als Vorbedingung einer vertrauensvollen helfenden Beziehung und als Grundlage einer funktionsgerechten Tätigkeit schützen (BVerfG NJW 1977, 1489, 1491). Den besonderen Bedingungen sozialer Arbeit im Kontext der Bewährungshilfe wird dabei durch die Berichts- und Mitteilungspflichten der Bewährungshelfer (§ 56 d Abs. 3 S. 2 und 3 StGB) Rechnung getragen, die als Offenbarungsbefugnisse wirken (dazu Kap. 7.3.3) und dem staatlichen Straf- und Kontrollanspruch Rechnung tragen.

3. Schließlich müsste Nils das Geheimnis von Bernd anvertraut oder sonst im Zusammenhang mit der Berufsausübung bekannt geworden sein. Unter „anvertrauen" wird das Einweihen in ein Geheimnis verstanden, aus dem sich eine Pflicht zur Verschwiegenheit ergibt (OLG Dresden NJW 2007, 3509). Indem Bernd sagt, „Ich dachte, ich frag mal. Mein Bewährungshelfer hat ja eine Schweigepflicht", betont er, dass er auf die Verschwiegenheit von Nils vertraut.

Insgesamt kann damit davon ausgegangen werden, dass der Bericht von Bernd unter die berufliche Schweigepflicht von Nils fällt.

4. Davon unberührt bleibt der gesetzliche Auftrag des Bewährungshelfers Nils, dem Gericht über die Lebensführung von Bernd zu berichten. Die „Lebensführung" schließt dabei die Begehung neuer Straftaten mit ein. Auch wenn keine Anzeigepflicht gem. § 138 StGB besteht, hat der Bewährungshelfer derartige Geschehnisse zu melden, wenn sie nicht ausgesprochen Bagatellcharakter und damit für die Bewährung keine Relevanz haben. In der Bewährungshilfe sollten deshalb Situationen, in denen die Berichtspflicht zu einem Vertrauensbruch führen kann, durch rechtzeitigen Hinweis auf die Meldepflicht vermieden werden (so zutreffend Ostendorf in: Kindhäuser et al. 2017, § 56 d StGB Rn. 13).

Lösung Fall 7.4: Schüler in Not

1. Susi wird als staatlich anerkannter Sozialpädagogin im Rahmen ihrer Berufsausübung (Schulsozialarbeit) ein fremdes Geheimnis („meine Probleme gehen niemanden etwas an") bekannt. Die Schweigepflicht gilt auch innerdienstlich. Eine Offenbarung dieses Geheimnisses an Dritte (Schulleitung) ist strafbar (§ 203 Abs. 1 Nr. 6 StGB), wenn ihr keine Offenbarungsbefugnis zur Seite steht. In der geschilderten Situation sind sowohl das Vermögen wie die körperliche Unversehrtheit des Schülers Wolfgang bedroht. In solchen Fällen könnte die Geheimnisoffenbarung zur Abwendung der Gefahren als Notstandshandlung i. S. d. § 34 StGB gerechtfertigt sein (vgl. Kap. 10.1.2).

2. Eine Rechtfertigung nach § 34 StGB setzt folgendes voraus:
- Notstandslage,
- Notstandshandlung,
- Interessenabwägung und
- Rettungswille.

2.1 Unter einer Notstandslage i. S. d. § 34 StGB ist eine gegenwärtige, nicht anders abwendbare Gefahr für Leben, Leib, Freiheit, Ehre, Eigentum oder ein anderes Rechtsgut zu verstehen. In Betracht kommt jedes beliebige Rechtsgut, das in irgendeiner Form einen (nicht notwendigerweise strafrechtlichen) Schutz durch die Rechtsordnung genießt (Erb in: MüKo 2017, § 34 StGB Rn.55). Da die Rechtsgüter körperliche Unversehrtheit (§§ 223 ff. StGB) und Vermögen (§§ 253, 255 StGB) strafrechtlichen Schutz genießen, sind notstandsfähige Rechtsgüter von Wolfgang betroffen.

Hier besteht die Besonderheit, dass die schützenswerten Rechtsgüter (körperliche Unversehrtheit, Vermögen) und das zum Schutz zu verletzende Rechtsgut (Geheimhaltungsinteresse) derselben Person (dem W.) zustehen. Teilweise wird vertreten, bei einem Konflikt zwischen verschiedenen Interessen derselben Person würden grundsätzlich deren Präferenzen gelten, die nicht durch einen Rückgriff auf die Maßstäbe des § 34 StGB überspielt werden dürften (Neumann in: Kindhäuser et al. 2017, § 34 StGB Rn.32). Die Rspr. sieht hier allerdings kein Problem für die Anwendbarkeit des § 34 StGB im Fall der Identität des Rechtsgutsinhabers (BGH NJW 1983, 350, 351; zustimmend Cierniak/Niehaus in: MüKo 2017, § 203 Rn. 88)

Diesen Rechtsgütern muss eine Gefahr drohen. Eine Gefahr i. S. v. § 34 StGB ist ein Zustand, in dem aufgrund tatsächlicher Umstände die Wahrscheinlichkeit eines schädigenden Ereignisses besteht (BGH NJW 2016, 2818). Die tatsächlichen Umstände (Geld abliefern, Ohrfeigen, Drohungen, aktuelles Ultimatum) und auch das sonstige rücksichtslose Verhalten von Chris (Knallkörper gezündet) lassen die Besorgnis begründet erscheinen, dass Chris ohne Rücksicht auf Rechtsgüter anderer seine Interessen umsetzen wird.

Die Gefahr muss gegenwärtig sein. Da Chris Wolfgang bereits seit einiger Zeit traktiert, liegt eine permanente Gefährdung der Rechtsgüter von Wolfgang (Dauergefahr) vor, die angesichts der Forderung von Chris („für nächste Woche") und angesichts des bevorstehenden Schulverweises von Chris in naher Zukunft in eine Schädigung umschlagen kann.

2.2 Die Gefahr für die Rechtsgüter von Wolfgang darf nicht anders als durch die „Tat", d. h. die Geheimnisoffenbarung abwendbar sein. Die Notstandshandlung muss also von mehreren zur Gefahrabwendung geeigneten Handlungsmöglichkeiten diejenige sein, die sich als das relativ mildeste Mittel erweist (BGH a. a. O.). In der gegebenen Situation gibt es allerdings keine denkbaren Handlungsalternativen zur Abwendung der Gefahr (bspw. Wolfgang von der Schule zu beurlauben, bis Chris der Schule verwiesen ist), die nicht mit einer Geheimnisoffenbarung verbunden wären. Damit ist kein milderes Mittel zur Gefahrenabwehr denkbar.

2.3 Hinzukommen muss, das bei einer Abwägung der widerstreitenden Interessen, namentlich der betroffenen Rechtsgüter und des Grades der ihnen drohenden Gefahren im Ergebnis das geschützte Interesse (körperliche Unversehrtheit, Vermögen) das beeinträchtigte Geheimhaltungsinteresse wesentlich überwiegt. Entscheidend ist dabei die Bewertung, die die Rechtsgüter durch die Rechtsordnung insgesamt erfahren (Erb in: MüKo 2017, § 34 StGB Rn.111). Hier hat ein Strafrahmenvergleich indizielle Wirkung. Während die Verletzung der Schweigepflicht mit Freiheitstrafe bis zu einem Jahr oder mit Geldstrafe bestraft wird, steht auf die hier im Raum stehende Erpressung durch Gewalt gegen eine Person (räuberische Erpressung nach §§ 253, 255, 249 StGB) eine Freiheitsstrafe von mindestens einem Jahr. Man kann deshalb von einem Überwiegen der geschützten Interessen gegenüber dem bedrohten Geheimhaltungsinteresse ausgehen.

2.4 Als subjektives Element muss der Rettungswille hinzukommen, der bei Susi vorhanden ist.
Im Ergebnis wäre damit eine Geheimnisoffenbarung gegenüber der Schulleitung gerechtfertigt.

Lösung Fall 8.4: Das Jobcenter als „verlängerter Arm" der Polizei?

1. § 163 Abs. 3 StPO hat die staatsbürgerliche Zeugnispflicht, die lange Zeit auf das Erscheinen und die Aussage vor Gericht und der Staatsanwaltschaft beschränkt war, auf Ermittlungspersonen der Staatsanwaltschaft ausgedehnt (Soiné 2018, 141). Sollte die Vorladung an Paula von einer Vernehmungsperson mit der erforderlichen fachlichen Qualifikation (vgl. Kap. 7.3.2) unterzeichnet sein, so ist sie zum Erscheinen und zur Aussage vor der Polizei verpflichtet.

2. Allerdings ist Paula bei einem Sozialleistungsträger (§§ 12 S. 1, 19 a Abs. 2 SGB I) beschäftigt, der verpflichtet ist, die den X. betreffenden Sozialdaten vor einer unbefugten Verarbeitung zu schützen (§ 35 Abs. 1 S. 1 SGB I). Zur Datenverarbeitung gehört auch deren Offenlegung durch Übermittlung an Dritte (Art. 4 Abs. 2 DS-GVO). Eine Übermittlung durch einen Leistungsträger ist nur zulässig, soweit die §§ 67 c ff SGB X oder eine andere Rechtsvorschrift des SGB X dies erlauben oder anordnen (§ 67 b Abs. 1 S. 1 SGB X). Der Sozialdatenschutz wird durch § 35 Abs. 3 SGB I auch gegenüber anderen staatlichen Stellen gesichert. Soweit eine Übermittlung nach dem SGB nicht zulässig ist, besteht weder eine Auskunftspflicht des zum Sozialdatenschutz verpflichteten Leistungsträgers noch eine die Mitarbeiter von Sozialleistungsträgern treffende Zeugnispflicht. So wird sichergestellt, dass eine Prüfung der Zulässigkeit der Übermittlung innerhalb des Systems des SGB X erfolgt und der Sozialdatenschutz nicht unabhängig davon unterlaufen werden kann (Gutzler in: BeckOK SozR 2018, § 35 SGB I Rn. 49).

3. Das Bestehen der Zeugnispflicht von Paula hängt gem. § 35 Abs. 3 S. 1 SGB I nun davon ab, ob

- es sich bei der Anwesenheit Herrn Müllers im Jobcenter um ein „Sozialdatum" handelt und ob
- das Jobcenter dieses Sozialdatum an Dritte übermitteln darf.

Besteht keine Zeugnispflicht, so folgt hieraus für Paula ein Auskunftsverbot gegenüber der Polizei (Gutzler in: BeckOK SozR 2018).

3.1 Sozialdaten werden in § 67 Abs. 2 S. 1 SGB X als personenbezogene Daten definiert, die von einer in § 35 SGB I genannten Stelle im Hinblick auf ihre Aufgaben nach diesem Gesetzbuch verarbeitet werden. Wie bereits erwähnt ist das Jobcenter Sozialleistungsträger gem. §§ 12 S. 1, 19 a Abs. 2 SGB I und damit Adressat der Regelung des § 35 SGB I. Weiterhin müsste die Anwesenheit von Herrn Müller ein personenbezogenes Datum sein, das das Jobcenter im Hinblick auf seine Aufgaben nach dem SGB II verarbeitet. „Personenbezogene Daten" in diesem Sinn sind alle Informationen, die sich auf eine identifizierte oder identifizierbare natürliche Person beziehen (Art. 4 Abs. 1 DS-GVO). Damit ist die Anwesenheit Herrn Müllers im Jobcenter eine Information über Herrn Müller und damit ein personenbezogenes Datum.

Schließlich bleibt die Frage, ob das Jobcenter die Angabe „Anwesenheit" im Hinblick auf seine Aufgaben nach dem SGB II verarbeitet. Allgemein haben alle, die Sozialleistungen beantragen oder beziehen, die Pflicht, auf Verlangen des Leistungsträgers zur mündlichen Erörterung des Antrags oder zur Vornahme anderer für die Entscheidung über die Leistung notwendiger Maßnahmen persönlich zu erscheinen (§ 61 SGB I). Darüber hinaus gilt gem. § 59 SGB II die Meldepflicht nach § 309 SGB III für Bezieher von Leistungen nach dem SGB II entsprechend. Auch diese Pflicht umfasst die Pflicht, sich persönlich beim Leitungsträger zu melden. Darüber hinaus sieht § 32 Abs. 1 S.v1 SGB II die Pflicht des Leistungsträgers vor, Leistungsberechtigte bei Meldeversäumnissen mit einer Leistungskürzung zu sanktionieren. Die genannten Regelungen machen deutlich, dass das Jobcenter mit Blick auf seine Aufgaben Anwesenheitsdaten von Herrn Müller verarbeiten darf.

3.2 Bleibt für die Frage des Bestehens eines Auskunftsverbots noch zu prüfen, ob das Jobcenter das Sozialdatum „Anwesenheit" der Polizei übermitteln darf. Die Übermittlungsbefugnisse der Sozialleistungsträger finden sich in den §§ 67 c ff SGB X.

   3.2.1 Hier käme § 68 SGB X (Übermittlung für Aufgaben der Polizeibehörden, der Staatsanwaltschaften, Gerichte und der Behörden der Gefahrenabwehr) in Betracht. Nach § 68 Abs. 1 S.v1 SGB X dürfen zur Erfüllung von Aufgaben der Polizeibehörden im Einzelfall auf Ersuchen Name, Vorname, Geburtsdatum, Geburtsort, derzeitige Anschrift der betroffenen Person, ihr derzeitiger oder zukünftiger Aufenthaltsort sowie Namen, Vornamen oder Firma und Anschriften ihrer derzeitigen Arbeitgeber übermittelt werden. Der vormalige Aufenthalt gehört damit nicht zu den Sozialdaten, die übermittelt werden dürfen.

   3.2.2 § 73 SGB X sieht ebenfalls eine Übermittlungsbefugnis für die Durchführung eines Strafverfahrens vor. Diese greift aber nur bei besonders schweren Straftaten und zudem nur auf richterliche Anordnung ein (§ 73 Abs. 3 SGB X). Da jedenfalls eine richterliche Anordnung fehlt, dürfte das Jobcenter das Sozialdatum „vormalige Anwesenheit" nicht übermitteln.

Für Paula besteht damit im Ergebnis ein Auskunftsverbot. Sie müsste allerdings bei der Polizei erscheinen.

Lösung Fall 9.4: Der sportliche Vater und Übungsleiter

1. Nach dem Sachverhalt ist davon auszugehen, dass Vater Viktor mit Blick auf seinen Sohn Anton die Aufsichtspflicht nach §832 Abs.1 Satz 1 i.V. m. §1631 Abs.1 BGB, also kraft Gesetzes, oblag. Fraglich ist hier, ob die Großmutter gemäß §832 Abs.2 i.V. m. Abs.1 Satz 1 BGB die Aufsicht über ihr Enkelkind Anton durch Vertrag mit Viktor übernommen hat. Nach der Rechtsprechung darf es sich dabei nicht um eine reine „Gefälligkeitsaufsicht" handeln. Vielmehr muss auf Seiten der Großmutter ein entsprechender „rechtsgeschäftlicher Übernahmewille" in dem Sinne vorgelegen haben, eine entsprechende „Zuständigkeit" für die Aufsichtsführung zu begründen. Nach dem Sachverhalt ist davon nicht auszugehen, auch wenn Viktor seinen Sohn Anton schon häufig bei der Großmutter abgegeben hatte. Die Übernahme des Enkelkindes geschah offenkundig nur „aus Gefälligkeit". Damit hatte die Großmutter nicht die Aufsicht durch Vertrag übernommen und ist auch nicht schadensersatzpflichtig geworden.

Fraglich ist, ob Viktor gegenüber Peter gemäß §832 Abs.1 Satz 1 BGB zum Ersatz des entstandenen Schadens verpflichtet ist. Die Voraussetzungen dieser Vorschrift sind erfüllt. Allerdings tritt nach §832 Abs.1 Satz 2 BGB die Ersatzpflicht nicht ein, wenn Viktor seiner Aufsichtspflicht genügt hätte. Davon wird man hier ausgehen müssen, sodass auch Viktor nicht schadensersatzpflichtig geworden ist.

Damit hätte Peter allenfalls einen Schadenersatzanspruch gegenüber Anton aus Billigkeitsgründen gemäß §829 BGB. Ob die Voraussetzungen dieser Bestimmung gegeben sind, kann mangels näherer Angaben im Sachverhalt nicht beurteilt werden. (Hinweis: Deshalb empfiehlt sich dringend der Abschluss einer Haftpflichtversicherung für solche und ähnliche Fälle!)

2. Vater Viktor obliegt auch mit Blick auf Ben die Aufsichtspflicht nach §832 Abs.1 Satz 1 i.V. m. §1631 Abs.1 BGB. Inhalt und Umfang der Aufsichtspflicht nach §832 BGB sind allerdings gesetzlich nicht definiert. Als allgemeine Richtschnur gilt nach der Rechtsprechung folgender Maßstab: Die aufsichtspflichtige Person hat das zu tun oder zu unterlassen, was von einer verständigen aufsichtspflichtigen Person in einer entsprechenden Situation und nach den Umständen des Einzelfalles vernünftiger- und billigerweise verlangt werden könnte. Dabei spielt die Gefährlichkeit der Situation, insbesondere die Art von Sport- und Beschäftigungsgeräten, eine wesentliche Rolle. Dass Pistolen besonders gefährliche Gerätschaften sind, liegt auf der Hand, so dass Viktor verpflichtet gewesen wäre, diese sorgfältig und für Ben unzugänglich zu verwahren. Gegen dieses Gebot hat Viktor nachhaltig verstoßen, sodass er seine Aufsichtspflicht verletzt hat und der Mitschülerin Maria gemäß § 832 Abs. 1 Satz 1 BGB zum Ersatz des entstandenen Schadens verpflichtet ist.

3. Viktor hatte als Betreuer der Kinder in der genannten Jugendfreizeitmaßnahme die Aufsichtspflicht über sie gemäß § 832 Abs. 2 i. V. m. § 832 Abs. 1 Satz 1 BGB übernommen. Dass von Minigolfschlägern bei unsachgemäßer Handhabung eine große Gefahr ausgehen kann, ist allgemein bekannt. Deshalb reichte es hier nicht aus, nur verbal darauf hinzuweisen, sondern es wäre erforderlich gewesen, die Kinder (im Alter von sieben bis zwölf Jahren!) während des Spiels aus nächster Nähe zu beobachten, um ggf. eingreifen zu können. Dies ist aus einer Entfernung von 100 m nicht möglich. Viktor hat deshalb auch hier seine Aufsichtspflicht verletzt und ist gemäß § 831 Abs. 1 Satz 1 BGB gegenüber Kathrin, dem verletzten Kind, zum Ersatz des entstandenen Schadens verpflichtet.

4. Die gemäß § 832 Abs. 2 i. V. m. § 832 Abs. 1 Satz 1 BGB durch Viktor übernommene Aufsichtspflicht bezieht sich auch auf die Abend- und Nachtzeiten. Es kann offen bleiben, ob Viktor seiner Aufsichtspflicht im Sinne von § 832 Abs. 1 Satz 2, 1. Alt. BGB genügt hat. Denn nach dem Sachverhalt wäre hier der Schaden auch bei „gehöriger" Aufsichtsführung im Sinne von § 832 Abs. 1 Satz 2, 2. Alt. BGB entstanden. Da Viktor insoweit den sog. „Entlastungsbeweis" führen kann, ist er nach der zuletzt genannten Gesetzesalternative „exkulpiert" und nicht schadensersatzpflichtig geworden.

Lösung Fall 10.4: Strafbarkeit durch Unterlassen?

1. Monika könnte sich nach § 171 StGB strafbar gemacht haben, denn sie hat ihre Fürsorge- oder Erziehungspflicht nach § 1631 Abs. 1 BGB mit Blick auf ihre beiden unter 16 Jahre alten Kinder verletzt. Voraussetzung für die Erfüllung des Tatbestandes des § 171 StGB wäre allerdings darüber hinaus, dass Monika ihre Fürsorge- oder Erziehungspflicht „gröblich" verletzt und dadurch ihre Kinder in die Gefahr gebracht hätte, dass sie in ihrer „körperlichen oder psychischen Entwicklung erheblich geschädigt" werden. Dies wird man hier beides verneinen müssen, denn sie hat ihre Kinder „nur" zweimal abends und nachts alleine gelassen, und diese sind dadurch nicht „erheblich" in ihrer Entwicklung geschädigt worden. Monika hat sich also nicht nach § 171 StGB strafbar gemacht; so auch das Amtsgericht Berlin-Tiergarten in seinem Beschluss über die Ablehnung der

Eröffnung des Hauptverfahrens vom 03.09.2007 – (431 Ds) 19 JU Js 524/07 (267/07) Jug (zitiert nach Dieball/Lehmann 2014, Kap. 8). (Hinweis: Eventuell notwendige Maßnahmen von Seiten des Jugendamtes waren hier nicht zu behandeln)

2. Sandra könnte sich nach § 223 StGB (Körperverletzung), § 224 StGB (Gefährliche Körperverletzung) oder § 229 StGB (Fahrlässige Körperverletzung) jeweils i. V. m. § 13 StGB strafbar gemacht haben, weil das zweijährige Kind in ihrer Abwesenheit durch das Handeln des Vaters an seiner Gesundheit geschädigt worden ist. Der tatbestandsmäßige Erfolg zumindest des § 229 StGB ist deshalb eingetreten und wäre wohl auch abwendbar gewesen. Allerdings müsste Sandra eine sog. „Garantenstellung" innegehabt haben. Sandra hätte also im Sinne des § 13 Abs. 1 StGB rechtlich dafür einstehen müssen, dass der Erfolg (Körperverletzung des Kindes) nicht eintritt. Dies wird man hier verneinen müssen. Zwar hatte Sandra im Rahmen der Sozialpädagogischen Familienhilfe nach § 31 SGB VIII als Sozialarbeiterin eine „Beschützergarantie" für die Kinder übernommen, allerdings nur an den drei Werktagen und nicht am Wochenende. Auch gab es nach dem Sachverhalt keinen konkreten Anhaltspunkt dafür, dass sich der Vater in dieser Weise (Einrühren des Putzmittels in den Brei) verhalten würde, sodass es keine Veranlassung gegeben hatte, auch an den Wochenenden in der Familie präsent zu sein. S hat sich deshalb nicht strafbar gemacht.

3. VM könnte sich nach § 212 StGB (Totschlag) oder § 211 StGB (Mord) jeweils i. V. m. § 13 StGB strafbar gemacht haben, weil V das Kind K getötet hat. Der tatbestandsmäßige Erfolg zumindest des § 212 StGB ist deshalb eingetreten und wäre auch abwendbar gewesen. Allerdings müsste VM eine sog. „Garantenstellung" gehabt haben, hätte also im Sinne des § 13 Abs. 1 StGB rechtlich dafür einstehen müssen, dass der Erfolg (Tod des Kindes) nicht eintritt. Dies ist hier zu bejahen. Der Vormund hat anstelle der Eltern das Personensorgerecht nach § 1793 Abs. 1 Satz 1 sowie § 1800 i. V. m. § 1631 Abs. 1 BGB und war deshalb für die Gewährleistung des Wohls des Kindes („Beschützergarantie") verantwortlich, auch wenn das Kind – wie häufig bei Vormündern – zur Tatzeit nicht bei ihm gelebt hat. VM hatte also rechtlich gemäß § 13 Abs. 1 StGB dafür einzustehen, dass das Kind K nicht zu Schaden gekommen wäre. V, der drogensüchtig war, hätte deshalb intensiver beaufsichtigt werden müssen. Auch hätte seitens VM häufiger geprüft werden müssen, ob es weiterhin vertretbar war, dass das Kind bei V lebte, oder ob nicht – erneut wie schon zuvor – eine Fremdplatzierung (nach den §§ 33, 34 SGB VIII) angezeigt gewesen wäre. Dadurch hätte der Tod des Kindes K verhindert werden können.

(Hinweis: Dass VM offenkundig überlastet war, entschuldigt ihn nicht. Er hätte insoweit bei seiner Arbeit andere Prioritäten setzen und seine Vorgesetzten über seine schwierige Arbeitssituation informieren müssen – „Überlastungsanzeige"). Der hier in sehr verkürzter Form wiedergegebene Fall „Kevin" hatte sich im Jahre 2006 in Bremen ereignet, wobei die von Seiten des Jugendamts eingeleiteten, aber nicht ausreichenden Maßnahmen hier nicht dargestellt worden sind (vgl. Hoppensack 2007). Der Fall erregte bundesweit Aufsehen, führte zu strafrechtlichen Verurteilungen und Entlassungen mehrerer ebenfalls verantwortlich gemachter Personen und trug auch dazu bei, dass nunmehr gemäß § 55 Abs. 1 Satz 4 SGB VIII ein vollzeitbeschäftigter Beamter oder Angestellter gleichzeitig höchstens 50 Vormundschaften oder Pflegschaften führen soll.

Lösung Fall 11.4: Die studentische Law-Clinic

1. Der Verein will Rechtsdienstleistungen i.S.v. § 2 Abs. 1 RDG anbieten. Dies ist nur in dem Umfang zulässig, in dem das RDG dies zulässt. § 6 Abs. 1 RDG erlaubt Rechtsdienstleistungen, die nicht im Zusammenhang mit einer entgeltlichen Tätigkeit stehen (unentgeltliche Rechtsdienstleistungen). Da § 2 der Satzung unentgeltliche Rechtsdienstleistungen für Studierende der Hochschule Würzburg und alle Einwohner von Würzburg vorsieht, ist die erste Voraussetzung des Erlaubnistatbestands erfüllt.

2. § 6 Abs. 2 S. 1 RDG verlangt für die Erbringung unentgeltlicher Rechtsdienstleistungen außerhalb familiärer, nachbarschaftlicher oder ähnlich enger persönlicher Beziehungen, dass die Rechtsdienstleistung

- durch eine Person, der die entgeltliche Erbringung dieser Rechtsdienstleistung erlaubt ist,
- durch eine Person mit Befähigung zum Richteramt oder
- unter Anleitung einer solchen Person erfolgt.

Die unentgeltlichen Rechtsdienstleistungen sollen durch Studierende der sozialen Arbeit erbracht werden. Dabei soll Rechtsprofessor Fritz, der die Befähigung zum Richteramt besitzt, den Studierenden zur Anleitung und im Einzelfall zur Verfügung stehen.

3. § 6 Abs. 2 S. 2 RDG präzisiert die Anforderungen, die an eine Anleitung i.S.v. § 6 Abs. 2 S. 1 RDG zu stellen sind. Eine Anleitung erfordert

168   Lösungen der praktischen Fälle

- eine an Umfang und Inhalt der zu erbringenden Rechtsdienstleistungen ausgerichtete Einweisung und Fortbildung durch eine Person mit Befähigung zum Richteramt sowie
- eine Mitwirkung dieser Person bei der Erbringung der Rechtsdienstleistung, soweit dies im Einzelfall erforderlich ist.

3.1   Eine ordnungsgemäße Einweisung setzt voraus, dass die anzuleitenden Personen mit den für ihre Tätigkeit wesentlichen Rechtsfragen vertraut gemacht werden (Grundeinweisung), damit sie die zu erwartenden Sachverhalte weitgehend selbständig rechtlich erfassen können. Welchen Umfang dabei diese Anleitung haben muss, hängt maßgeblich von den Vorkenntnissen der anzuleitenden Person und der Art ihrer Tätigkeit ab (OLG Brandenburg NJW 2015, 1122, 1123). Anpassungsfortbildungen haben regelmäßig stattzufinden (OLG Frankfurt/M. GRUR-RR 2015, 474 [Ls. 1]). Nach dem Satzungsentwurf soll die Rechtsberatung allumfassend erfolgen und unabhängig davon, ob das jeweilige Rechtsgebiet im Curriculum des Studiengangs „Recht und Management" Berücksichtigung gefunden hat. Die vom Gesetz geforderte Grundeinweisung der Studierenden in typisierte Sachverhalte und damit einhergehende Rechtsfrage ist deshalb nicht möglich (OLG Brandenburg NJW 2015, 1122, 1123).

3.2   Die Mitwirkung von Personen mit Befähigung zum Richteramt, soweit dies im Einzelfall erforderlich ist, ist nach dem Gesetzeswortlaut eine Form der Anleitung. Die bloße Erreichbarkeit eines Volljuristen wird von der Rspr. nicht als „Anleitung" angesehen (OLG Frankfurt/M. GRUR-RR 2015, 474, 475).

Im Ergebnis erfüllt das skizzierte Vorhaben damit nicht die Voraussetzungen des § 6 RDG.

Lösung Fall 12.4: Wer die Wahl hat, hat die Qual

1. Der Erwerb eines Studienabschlusses ohne staatliche Anerkennung wäre für Steffi in Bundesländern möglich, deren Regelungen ein postgraduales (nach dem Hochschulabschluss stattfindendes) Berufspraktikum vorsehen oder zumindest zulassen.

1.1   In Schleswig-Holstein und in Bremen sind der Abschluss eines Studiums der Sozialarbeit oder Sozialpädagogik und die staatliche Anerkennung generell voneinander getrennt. Das Berufspraktikum ist immer postgradual zu absolvieren.

1.2 In Hessen, Niedersachsen, Rheinland-Pfalz und Sachsen überlässt das Landesrecht die zeitliche Lage des Berufspraktikums den Hochschulen. Diese entscheiden durch Satzung, ob das Berufspraktikum studienintegriert (einphasige Ausbildung) oder nach dem Studienabschluss (zweiphasige Ausbildung) absolviert werden kann. Ob ein Studienabschluss ohne Berufspraktikum möglich ist, hängt damit von den jeweiligen Satzungsregelungen der Hochschule ab.

2. Beschäftigte in der Tätigkeit von SozialarbeiterInnen bzw. SozialpädagogInnen mit staatlicher Anerkennung sind in die Entgeltgruppe S 8 b des TVöD – Sozial- und Erziehungsdienste eingruppiert, SozialarbeiterInnen und SozialpädagogInnen mit staatlicher Anerkennung und entsprechender Tätigkeit in die Entgeltgruppe S 11 b (Einstiegseingruppierung). Nach den bis 31.3.2019 geltenden Entgelttabellen bedeutet dies für Entgeltgruppe S 8 b ein Jahresbruttogehalt (einschließlich Sonderzahlung) von 34.852,83 €, für Entgeltgruppe S 11 b von 38.042,22 €. Das Nettogehalt ist von individuellen Umständen (Familienstand, Steuerfreibeträge) abhängig und kann nicht pauschal angegeben werden.

3. Die Nachholung des Berufspraktikums und damit der staatlichen Anerkennung ist prinzipiell an Hochschulen der unter 1. aufgeführten Bundesländer möglich.

3.1 Die Dauer des postgradualen Berufspraktikums beträgt i.d.R. zwölf Monate. Das SächsSozAnerkG lässt ein postgraduales Berufspraktikum mit einem Mindestumfang von nur 100 Tagen zu, das SozHeilKindVO Nds eines von sechs Monaten.

3.2 In Bremen haben die Träger der Praktikumsstellen mit den PraktikantInnen ein Berufsausbildungsverhältnis nach den §§ 10 – 23 BBiG mit Vergütungsanspruch (§ 17 BBiG) zu begründen (§ 4 Abs. 3 brem. Anerkennungsordnung).

3.3 In Schleswig-Holstein ist für den Erwerb der staatlichen Anerkennung die Teilnahme an einem berufsbegleitenden zweisemestrigen Weiterbildungsangebot mit Abschlusszertifikat gem. § 58 Hochschulgesetz SH vorgeschrieben.

3.4 Manche Bundesländer bestimmten einen Zeitraum nach Abschluss des Studiums, innerhalb dessen das Berufspraktikum beendet sein soll. In Schleswig-Holstein soll das Weiterbildungsangebot nach nicht mehr als fünf Jahren Erwerb des Bachelorabschlusses begonnen (§ 4 Abs. 2 des Erlasses zu Erwerb der staatl. Anerkennung Schl.-H.), in Bremen innerhalb von fünf Jahren nach dem Hochschulabschluss und in Rheinland-Pfalz spätestens nach Ablauf von drei Jahren beendet sein (§§ 7 Abs. 3 brem. Anerkennungsordnung, 6 Abs. 4 S. 1 SoAnG RLP).

Lösung Fall 13.4: Aller Anfang ist schwer

1. Die Diensthaftpflichtversicherung beurteilt sich nach den Vorschriften des Versicherungsvertragsgesetzes (VVG). Einschlägig sind insbesondere die Vorschriften über die Haftpflichtversicherung gem. §§ 100 ff. VVG.

2. Die AVB sind aufgrund § 305 Abs. 2 Nr. 2 BGB nicht Vertragsbestandteil geworden. Die AVB sind Allgemeine Geschäftsbedingungen i.S.v. § 305 Abs. 1 BGB. Nach § 305 Abs. 2 Nr. 2 BGB werden sie nur bei zumutbarer Kenntnisnahmemöglichkeit Vertragsbestandteil. Dass Achim sich die für ihn geltenden AVB vom USB-Stick selbst heraussuchen sollte, war für ihn nicht zumutbar.

3. Dass Achim eine Diensthaftpflichtversicherung abgeschlossen hat, wird im Rahmen der Beurteilung nach den Grundsätzen des innerbetrieblichen Schadensausgleiches (vgl. Kap. 5) nicht berücksichtigt. Da Achim diese Versicherung freiwillig abgeschlossen hat, wird diese nicht zugunsten des Arbeitgebers berücksichtigt.

4. Der Unfall im Rahmen des Mittagessens ist ein Arbeitsunfall. Nach § 8 Abs. 2 Nr. 1 SGB VII sind versicherte Tätigkeiten „das Zurücklegen des mit der versicherten Tätigkeit zusammenhängenden unmittelbaren Weges nach und von dem Ort der Tätigkeit". Dass diese Wegeunfälle im Rahmen des Mittagessens während der Arbeitszeit unter den Unfallversicherungsschutz fallen, hängt damit zusammen, dass ein Mittagessen während der Arbeitszeit physiologisch erforderlich sein kann (Kokemoor 2018, Rn. 256).

5. Der Anspruch auf Arbeitslosengeld I richtet sich nach §§ 136 ff. SGB III. Mit 18 Monaten Beschäftigungszeit hat Achim die Anwartschaftszeit gem. §§ 142, 143 SGB III erfüllt. Die Anspruchsdauer beträgt gem. § 147 Abs. 2 SGB III acht Monate. Da Achim seine Arbeitsstelle fristgemäß gekündigt hat, hat er sich gem. § 159 Abs. 1 S. 1, 2 Nr. 1 SGB III versicherungswidrig verhalten, ohne einen wichtigen Grund dafür zu haben. Ein wichtiger Grund wäre z. B. gegeben, wenn Achim auf der Arbeitsstelle gemobbt worden wäre. Ein solcher Grund ist aus dem Sachverhalt nicht ersichtlich. Aufgrund § 159 Abs. 3 S. 1 SGB III beträgt die Sperrzeitdauer bei Arbeitsaufgabe zwölf Wochen. Für diesen Zeitraum ruht Achims Arbeitslosengeldanspruch gem.

§ 159 Abs. 1 S. 1 SGB III. Zudem vermindert er sich gem. § 148 Abs. 1 Nr. 4 SGB III um zwölf Wochen.

Lösung Fall 14.4: Mobbing und Körperverletzung

1. Zivilrechtliche Aspekte

1.1 Hans hat vorsätzlich den Körper und die Gesundheit von Otto widerrechtlich verletzt, sodass Hans gegenüber Otto gemäß § 823 Abs. 1 BGB zum Ersatz des daraus entstandenen (hier nicht bezifferten) Schadens verpflichtet ist. Falls Hans nicht freiwillig zur Leistung des geforderten Schadensersatzes bereit ist, müsste Otto Hans vor einem Gericht dazu verklagen.

Da sich der Vorfall am Arbeitsplatz von Otto und Hans ereignet hat, könnte man daran denken, dass insoweit die Zuständigkeit der Arbeitsgerichtsbarkeit gegeben wäre. Denn die Gerichte für Arbeitssachen sind gemäß § 2 Abs. 1 Nr. 3 d) ArbGG (auch) ausschließlich zuständig für Rechtsstreitigkeiten „aus unerlaubten Handlungen, soweit diese mit dem Arbeitsverhältnis im Zusammenhang stehen". Allerdings betrifft dies nur „bürgerliche Rechtsstreitigkeiten zwischen Arbeitnehmern und Arbeitgebern" und nicht zwischen einzelnen Arbeitnehmern, so dass Otto nicht das Arbeitsgericht anrufen kann.

Zuständig sind vielmehr die Zivilgerichte, in der Regel das Amtsgericht gemäß § 23 Nr. 1 GVG oder bei einem Streitwert ab 5.000 € gemäß § 71 Abs. 1 GVG das Landgericht. Vor dem Amtsgericht könnte X sich selbst vertreten. Sollte der Streitwert 5.000 € oder mehr betragen, müsste sich Otto vor dem Landgericht gemäß § 78 Abs. 1 Satz 1 ZPO durch einen Rechtsanwalt vertreten lassen („Anwaltszwang").

1.2 Zu prüfen ist des Weiteren, ob sich Otto auch an seinen Arbeitgeber Mayer halten könnte. Denn gemäß § 831 Abs. 1 Satz 1 BGB ist auch ein Arbeitgeber, der „einen anderen zu einer Verrichtung bestellt" hat, zum Ersatz des Schadens verpflichtet, den der andere in Ausführung der Verrichtung einem Dritten widerrechtlich zugefügt hat. Diese Voraussetzungen sind hier jedoch nicht erfüllt. Denn der Arbeitgeber Mayer hat Hans mit Blick auf dessen schädigende Handlung nicht in diesem Sinne „zu einer Verrichtung bestellt". Und hinsichtlich einer eventuellen Haftung des Arbeitgebers Mayer nach § 823 Abs. 1 BGB wegen eines sog. Organisationsverschuldens (aufgrund der Auswahl der Arbeitnehmer sowie mit Blick darauf, dass Hans Otto zuvor gemobbt hatte), enthält der Sachverhalt keine hinreichend konkreten

Hinweise. Im Ergebnis wird sich deshalb Otto nicht auch an den Arbeitgeber Mayer mit dem Ziel des Ersatzes des entstandenen Schadens halten können.

2. Arbeitsrechtliche Aspekte

Der Arbeitgeber Mayer ist hier gegenüber Hans zumindest zu einer Abmahnung berechtigt – sowie zu einer fristlosen Kündigung des Arbeitsverhältnisses aus wichtigem Grund ohne Einhaltung einer Kündigungsfrist gemäß § 626 Abs. 1 BGB. Es ist für den Arbeitgeber spätestens seit dem schädigenden Verhalten von Hans gegenüber Otto nicht zumutbar, an dem Arbeitsverhältnis mit Hans festzuhalten. Die Kündigung müsste gemäß § 626 Abs. 2 BGB innerhalb von zwei Wochen erfolgen, nachdem der Arbeitgeber von den in Rede stehenden Vorfällen Kenntnis erlangt hat. (Hinweis: Falls Hans sich gegen die Kündigung zur Wehr setzen wollte, müsste er gemäß § 4 des Kündigungsschutzgesetzes innerhalb von drei Wochen nach Zugang der schriftlichen Kündigung Klage beim Arbeitsgericht auf Feststellung erheben, dass das Arbeitsverhältnis durch die Kündigung nicht aufgelöst ist. Voraussichtlich würde er damit aber keinen Erfolg haben.)

3. Strafrechtliche Aspekte

3.1 Aufgrund der schädigenden Handlung hat sich Hans auch nach § 223 StGB (Körperverletzung) strafbar gemacht, denn er hat den Otto körperlich misshandelt und an seiner Gesundheit geschädigt, und er hat dabei auch rechtswidrig und schuldhaft gehandelt. Da er die Körperverletzung mit einem gefährlichen Werkzeug (der Eisenstange) begangen hat, hat er sich zugleich nach § 224 Abs. 1 Nr. 2 StGB (Gefährliche Körperverletzung) strafbar gemacht.

3.2 Während die Körperverletzung nach § 223 StGB gemäß § 230 Abs. 1 grundsätzlich nur aufgrund eines Strafantrages von Otto verfolgt würde, ist die Stellung eines Strafantrages bei der Gefährlichen Körperverletzung nach § 224 StGB nicht erforderlich. Denn hier handelt es sich um ein „Offizialdelikt", bei dem die Staatsanwaltschaft gemäß § 152 Abs. 2 StPO verpflichtet ist, einzuschreiten und öffentliche Klage zu erheben, sobald sie durch Anzeige von Seiten Ottos oder des Arbeitgebers Mayer oder auf andere Weise von dem schädigenden Verhalten von Hans Kenntnis erlangt. Zuständiges Strafgericht ist gemäß § 24 Abs. 1 GVG das Amtsgericht: Wenn eine höhere Strafe als Freiheitsstrafe von zwei Jahren nicht zu erwarten ist, der Richter beim Amtsgericht als Strafrichter, ansonsten das Schöffengericht (vgl. §§ 25, 28 GVG).

4. Kosten, Prozesskostenhilfe und Beratungshilfe
Die Gerichts- und Anwaltskosten hat in allen Fällen Hans zu tragen (vgl. § 91 ZPO, § 465 StPO). Otto könnte ggf. Beratungshilfe nach den §§ 1 ff. BerHG sowie Prozesskostenhilfe nach den §§ 114 ff. ZPO beantragen, wenn er nach seinen persönlichen und wirtschaftlichen Verhältnissen die erforderlichen Mittel für die Beratung und Prozessführung nicht aufbringen kann. Die weiteren Voraussetzungen, dass die beabsichtigte Rechtsverfolgung als aussichtsreich bzw. nicht mutwillig erscheint, wären gegeben.

Literatur

Anke, H.U., de Wall, H., Heinig, H.M. (Hg.) (2016): Handbuch des evangelischen Kirchenrechts. Mohr Siebeck, Tübingen

Beyer, T. (2017): Recht für die Soziale Arbeit. Nomos, Baden-Baden

Bildungsinstitut des niedersächsischen Justizvollzuges (o.J.): Berufe im Justizvollzug. In: www.bildungsinstitut-justizvollzug.niedersachsen.de/startseite/berufe_im_justizvollzug/berufe_im_justizvollzug/sozialarbeiterin_oder_sozialarbeiter_sozialpaedagogin_oder_sozialpaedagoge/das-bildungsinstitut-in-wolfenbuettel-120716.html, 23.10.2018

Birk, U.-A. (2012): Kündigung einer lesbischen Erzieherin durch die katholische Kirche. KiTa aktuell Recht, 4, 118–120

Bundesministerium für Wirtschaft und Energie (Hg.) (2017): GründerZeiten 22: Existenzgründungen im sozialen Bereich. BMWi, Berlin

Bundesregierung (2016): Bericht der Bundesregierung über die Umsetzung des Bologna-Prozesses 2012–2015 in Deutschland. In: www.bmbf.de/files/Bericht_der_Bundesregierung_zur_Umsetzung_des_Bologna-Prozesses_2012-2015.pdf, 23.10.2018

Caritas Deutschland (Hg.) (2018): Die Caritas als Arbeitgeber. In: www.caritas.de/fuerprofis/arbeitenbeidercaritas/arbeitgebercaritas/caritasalsarbeitgeber.aspx, 23.10.2018

Cornel, H. (Hg.) (2009): Resozialisierung. Handbuch. 3. Aufl. Nomos, Baden-Baden

Deckenbrock, C., Henssler, M., Dötsch, W. (Hg.) (2015): Rechtsdienstleistungsgesetz. Rechtsdienstleistungsverordnung und Einführungsgesetz zum RDG; Kommentar. 4. Aufl. Beck, München

Degener, T., Dern, S., Dieball, H., Frings, D., Oberlies, D., Zinsmeister, J. (2008): Antidiskriminierungsrecht. Handbuch für Lehre und Beratungspraxis. Mit Lösungsbeispielen für typische Fallgestaltungen. Fachhochschulverlag, Frankfurt am Main

Deutscher Berufsverband für Soziale Arbeit e.V. (DBSH) (Hg.) (o.J.a): Bewährungshelfer_in. In: www.dbsh.de/profession/berufsbilder/bewaehrungshelfer-in, 23.10.2018

Deutscher Berufsverband für Soziale Arbeit e.V. (DBSH) (o.J.b): Staatliche Anerkennung für Sozialarbeiter darf keine Mogelpackung sein. In: www.dbsh.de/profession/berufspolitische-veroeffentlichungen/stellungnahmen-zur-staatlichen-anerkennung.html, 23.10.2018

Deutscher Berufsverband für Soziale Arbeit e.V. (DBSH) (Hg.) (o.J.c): Versicherungen. In: www.dbsh.de/service-presse/service/versicherungen, 23.10.2018
Deutscher Verein (Hg.) (1981): Datenschutz im sozialen Bereich – Beiträge und Materialien. Eigenverlag, Frankfurt
Diakonisches Werk der Evangelischen Kirche in Deutschland e.V. (Hg.) (2008): Handreichung zu unentgeltlichen Rechtsdienstleistungen i.S.d. §6 RDG und Rechtsdienstleistungen durch Verbände der Freien Wohlfahrtspflege (§8 Abs.1 Nr.5 RDG). Diakonisches Werk der Evangelischen Kirche in Deutschland e.V., Stuttgart
Dieball, H., Lehmann, K.-H. (Hg.) (2014): Basiswissen zu Aufsichtspflicht, Haftung und Garantenstellung. Grundlegender Leitfaden rechtlicher Vorgaben für die Arbeit mit Kindern und Jugendlichen. 2. Aufl. Schöneworth, Dähre
Dütz, W., Thüsing, G. (2017): Arbeitsrecht. 22. Auflage. C.H. Beck, München
Evangelische Kirche in Deutschland (EKD) (o.J.): Diakonie – die soziale Arbeit der evangelischen Kirche. In: www.ekd.de/Diakonie-Zahlen-Fakten-EKD-14435.htm, 29.09.2018
Fischer, M. (2015): Aufsichtspflicht und Haftung, Datenschutz. In: Wabnitz (2015) 138–148, 176–177
Heghmanns, M., Niehaus, H. (2008): Outsourcing im Versicherungswesen und der Gehilfenbegriff des §2 203 Abs.3 S.2 StGB. NStZ, 2, 57–62
Heinhold, H. (2008): Das neue Rechtsdienstleistungsgesetz. Ein Leitfaden für die soziale Rechtsdienstleistung. Fachhochschulverlag, Frankfurt am Main
Heinisch, B., Hopmann, B. (2012): Altenpflegerin schlägt Alarm. Über das Recht, Missstände anzuzeigen. VSA-Verlag, Hamburg
Henn, S., Lochner, B., Meiner-Teubner, C. (2017): Arbeitsbedingungen als Ausdruck gesellschaftlicher Anerkennung Sozialer Arbeit. Anstellungsverhältnisse, Belastungsmomente und Rahmenbedingungen in den Sonderauswertungen des DGB-Index Gute Arbeit und des Mikrozensus 2012 für die Soziale Arbeit. Eigenverlag der GEW, Frankfurt am Main
Hoff, T., Zwicker-Pelzer, R. (Hg.) (2015): Beratung und Beratungswissenschaft. Nomos, Baden-Baden
Holzapfel, N. (2011): Zu gut kommt schlecht. In: www.sueddeutsche.de/karriere/arbeitszeugnis-zu-gut-kommt-schlecht-1.545490, 23.10.2018
Hoppensack, H.-C. (2007): Kevins Tod – ein Beispiel für missratene Kindeswohlsicherung. Unsere Jugend, 7+8, 290-299
Joecks, W., Miebach, K., Heintschel-Heinegg, B. (Hg.) (2017): Münchener Kommentar zum Strafgesetzbuch. StGB. 3. Aufl. C.H. Beck, München (zitiert: Bearbeiter in: MüKo)
Jox, R. (2015): Counseling – Bedeutung und Grundlagen aus jurstischer Perspektive. In: Hoff/Zwicker-Pelzer (Hg.), 118–127
Jugend- und Familienministerkonferenz (JFMK) (2008): Staatliche Anerkennung von Ausbildungsabschlüssen im sozialen Bereich im Kontext der Hochschul- und Studienreform. Beschluss anlässlich der Konferenz 29./

30.5.2008. In: www.dbsh.de/fileadmin/downloads/Beschluss_Staatl_Anerkennung_2008.pdf, 23.10.2018

Kievel, W., Knösel, P., Marx, A., Sauer, J. (2018): Recht für soziale Berufe. Basiswissen kompakt. 8. Aufl. Luchterhand, Köln

Kindhäuser, U., Neumann, U., Paeffgen, H.-U., Albrecht, H.-J. (Hg.) (2017): Kommentar zum Strafgesetzbuch. 5. Aufl. Nomos, Baden-Baden (zitiert: Bearbeiter in Kindhäuser et al.)

Kokemoor, A. (2018): Sozialrecht. Lehrbuch Strukturen Übersichten. 8. Aufl. Franz Vahlen, München

Körner, A., Leitherer, S., Mutschler, B., Rolfs, C. (Hg.) (2018): Kasseler Kommentar Sozialversicherungsrecht. Stand: 1. Juni 2018. C.H. Beck, München (zitiert: Bearbeiter in: KassKomm)

Mörsberger, T. (1981): Der Sozialarbeiter im Dilemma zwischen der Notwendigkeit des Informationsaustausches und der Pflicht zur Diskretion. In: Deutscher Verein (Hg.)

Münchmeier, R. (Hrsg.) (2004): „Liebe allein genügt nicht": Historische und systematische Dimensionen der Sozialpädagogik. VS Verlag für Sozialwissenschaften, Wiesbaden

Oberlies, D. (2013): Strafrecht und Kriminologie für die soziale Arbeit. Eine Einführung. Kohlhammer, Stuttgart

Orlanski, O. (2015): Arbeitsmarkt der sozialen Berufe aus der Perspektive der Caritas. Erstellt im Auftrag des Deutschen Caritasverbandes e.V. für die Arbeitsstelle Personalpolitik und berufliche Bildung. Dt. Caritasverband e.V. Neue Caritas Spezial, 2, 3–35

Palandt, O. (2014): Bürgerliches Gesetzbuch. 73. Aufl. C.H. Beck, München

Papenheim, H.-G. (2007): Arbeitsrecht für Sozialarbeiter und Sozialpädagoginnen im kommunalen Dienst. Ein Leitfaden zum TVöD und Arbeitsvertragsrecht. Fachhochschulverlag, Frankfurt am Main

Rauschenbach, T., Züchner, I. (2004): Die Akademisierung des Sozialen. Zugänge zur wissenschaftlichen Etablierung der Sozialen Arbeit. In: Münchmeier (Hg.), 65–81

Riekenbrauk, K. (2009): Schweigepflicht – Datenschutz – Zeugnisverweigerungsrecht. In: Cornel (Hg.), 521–550

Rolfs, C.; Giesen, R.; Kreikebohm, R.; Udsching, P. (Hg.) (2018): Beck'scher Online-Kommentar Sozialrecht. C.H. Beck, München (zitiert: Bearbeiter in: BeckOK SozR)

Sauer, J. (2009): Soziale Arbeit als „Rechtsdienstleistung": Recht der sozialen Dienste und Einrichtungen (RsDE), 69, 1–27

Sauer, J. (2003): Was wissen wir über die berufliche Schweigepflicht in der Sozialen Arbeit? Recht der sozialen Dienste und Einrichtungen (RsDE), 55, 47–64

Sauer, J., Wabnitz, R. J., Fischer, M. (2016): Grundkurs Existenzsicherungsrecht für die soziale Arbeit. Ernst Reinhardt, München

Schaub, G. (2017): Arbeitsrechts-Handbuch, 17. Aufl. C.H. Beck, München (zitiert: Bearbeiter in Schaub)

Schaub, G., Koch, U. (2018): Arbeitsrecht von A-Z. Verständlich, übersichtlich, klar. 22. Aufl., Originalausgabe, C. H. Beck, München

Schenkel, H.(1995): Keine berufsbezogene Schweigepflicht hauptamtlicher Bewährungshelfer nach § 203 I Nr. 5 StGB. NStZ 1995, 67–71

Schimikowski, P. (2017): Versicherungsvertragsrecht. 6. Aufl. C. H. Beck, München

Schleicher, H., Winkler, J., Küppers, D. (2014): Jugend- und Familienrecht. Ein Studienbuch. 14. Aufl. C. H. Beck, München

Schönke, A., Schröder, H., Eser, A. (2014): Strafgesetzbuch. Kommentar. 29. Aufl. München (zitiert: Bearbeiter in: Schönke et al.)

Scholl, S. (2008): Rechtsdienstleistungen im Zusammenhang mit einer anderen Tätigkeit (§ 5 RDG). In: Diakonisches Werk der Evangelischen Kirche in Deutschland e. V. (Hg.), 13

Schulze, R. (2017): Bürgerliches Gesetzbuch. Handkommentar. 9. Aufl. Nomos, Baden-Baden

Soiné, M. (2018): Erweiterte Zeugenpflichten gegenüber der Polizei im Ermittlungsverfahren. NStZ, 3, 141–144

Sperber, W. (2004): Die Bedeutung und derzeitige Situation des Berufspraktikums. In: Sperber (Hg.), 4–12

Sperber, W. (Hg.) (2004a): Hat der Praxisbezug im Studium der Sozialen Arbeit noch eine Zukunft? Dokumentation der Fachtagung DIALOG SOZIALE ARBEIT vom 10.2.2004. Evangelische Fachhochschule, Hannover

Stock, C., Schermaier-Stöckl, B., Klomann, V., Vitr, A. (2016): Soziale Arbeit und Recht. Lehrbuch. Nomos, Baden-Baden

Thiel, A. (2011): Kleines Kompendium zum kirchlichen Arbeitsrecht. Katholische Kirche. Luchterhand, Köln

Trenczek, T., Tammen, B., Behlert, W., Boetticher, A. (2018): Grundzüge des Rechts. Studienbuch für soziale Berufe. 5. Aufl. Ernst Reinhardt, München

Wabnitz, R. J. (2018): Grundkurs Recht für die Soziale Arbeit. 4. Aufl. Ernst Reinhardt, München

Wabnitz, R. J. (2015): Grundkurs Bildungsrecht für Pädagogik und Soziale Arbeit. Ernst Reinhardt, München

Weiser, B. (2017): Müssen Beschäftigte in Flüchtlingsunterkünften an Abschiebungen mitwirken? Asylmagazin, 12, 428–435

Wiesner, R., Bernzen, C., Neubauer, R. (2018): Expertise zum Status Staatlicher Anerkennung bei der Einstellung von Absolvent_innen universitärer Studiengänge der Erziehungswissenschaft mit sozialpädagogischem Qualifikationsprofil. Hg. v. Deutsche Gesellschaft für Erziehungswissenschaften (DGfE). In: www.dgfe.de/fileadmin/OrdnerRedakteure/Sektionen/Sek08_SozPaed/KSozPaed/2018_Expertise_Staatliche_Anerkennung.pdf, 23.10.2018

Wörlen, R., Kokemoor, A. (2017): Arbeitsrecht. 12. Aufl. Franz Vahlen, München

Sachregister

Anwaltszwang 140, 143
Arbeitslosenversicherung 135
Arbeitsrecht 17
–, ArbeitnehmerInnen 18
–, BeamtInnen 19
–, betriebliche Übung 22
–, Betriebsvereinbarungen 22
–, kirchliches 23
–, Prinzip des Dritten Weges 23
–, Rechtsquellen 20
–, Selbständige 19
–, Sozialversicherungspflicht 18
–, Tarifverträge 22
Arbeitsunfall 61
–, Haftung für Personenschaden 61
–, Haftung für Sachschaden 61
–, Haftung für Vermögensschaden 62
Arbeitsverhältnis, Anbahnung 25
–, Absage 28
–, AGG 26
–, Aufwendungsersatz 28
–, Fragen, erlaubte 27
–, Persönlichkeitsrecht 27
–, Stellenanzeige 26
–, Vorstellungsgespräch 27
Arbeitsverhältnis, Beendigung 43
–, Abfindung 50
–, Abmahnung 48
–, Arbeitszeugnis 51
–, Aufhebungsvertrag 45
–, auflösende Bedingung 43
–, Auflösung durch Urteil 50
–, Befristung 44
–, Formerfordernisse 46
–, Kündigung 46
–, Kündigung, außerordentliche 49
–, Kündigung, betriebsbedingte 49
–, Kündigung, ordentliche 48
–, Kündigung, personenbedingte 49
–, Kündigungsschutz 47
–, Kündigungsschutz für schwerbehinderte Menschen 136
–, Kündigung, verhaltensbedingte 48
–, Zeugnis, Beweislast 52
–, Zeugnis, Bewertungsskala 52
–, Zeugnis, Einklagbarkeit 52
–, Zeugnis, qualifiziertes 51
Arbeitsverhältnis, Begründung 25, 29
–, Abschlussverbote 30
–, Angebot und Annahme 30
–, Beschäftigungsverbot 30
–, Form 31
–, Inhalt des Arbeitsvertrages 31
–, Pflicht zur Beschäftigung behinderter Menschen 136
–, Vertragsfreiheit 29
–, Wiedereinstellungs- und Weiterbeschäftigungsansprüche 30
Arbeitsverhältnis, Haftung 55
–, Ansprüche gegen ArbeitgeberInnen 60

Sachregister

–, Betriebsrisiko 57
–, gegenüber ArbeitgeberInnen 56
–, gegenüber Dritten 60
–, gegenüber KollegInnen 59
–, Haftungsaufteilung 58
–, Haftungsausschluss 57
–, Haftungsbeschränkung 57
Arbeitsverhältnis, Rechte und Pflichten 35
–, Beschäftigungspflicht 38
–, Fürsorgepflichten 38
–, Hauptpflichten 36
–, Leistungsstörungen 37
–, Mindestlohn 37
–, Treuepflichten 40
–, Vergütung 37
–, Verletzung von Nebenpflichten 41
–, Weisungsrecht 36
–, Zwischenzeugnis, Anspruch 51
Arbeitszeit 32
–, Bereitschaftsdienst 33
–, Nacht- und Schichtdienst 33
–, Rufbereitschaft 33
–, Ruhezeit 33
Aufsichtspflicht, strafrechtliche 99
–, Garantenstellung 106
–, Unterlassen 105
–, Verletzung Fürsorge- und Erziehungspflicht 102
Aufsichtspflicht, zivilrechtliche 88
–, aufgrund Vertrages 91
–, Delegation 95
–, Entlastungsbeweis 96
–, Entstehung 89
–, Gefälligkeitsaufsicht 92
–, Inhalt 93
–, kraft Gesetzes 90
–, Umfang und Grenzen 93
–, Verletzung 96

–, Verpflichtung zum Schadensersatz 97

Beratungshilfe 141

Caritas 23

Diakonie 23

gesetzliche Kranken- und Pflegeversicherung 136
gesetzliche Rentenversicherung 136

Mobbing 39

Prozesskostenhilfe 141, 143

Rechtsdienstleistung
–, Begriff 112
Rechtsdienstleistungsgesetz 110
Rechtsschutz im Arbeitsrecht 141
–, Gütetermin 143
–, Instanzenzug 142, 143, 144
–, Kosten 144
Rechtsschutz im Strafverfahren
–, Instanzenzug 147
–, Kosten 148
–, Pflichtverteidigung 146, 148
Rechtsschutz im Zivilrecht 138
–, 1. Rechtszug 139
–, Instanzenzug 139
–, Kosten 140
–, Rechtsmittel 140

Schweigepflicht 64
–, Amtsträger 64, 65, 72
–, anvertraut oder sonst bekanntgeworden 67
–, Anzeigepflicht 77

Sachregister

–, Aussage- und Zeugnispflicht 77
–, doppelfunktionale Tätigkeiten 69
–, Einwilligung in Offenbarung 74
–, Erziehungsrecht der Eltern 76
–, Geheimnisoffenbarung 71
–, Geheimnisschutz 66
–, Informationsweitergabe 71, 73
–, Kenntniserlangung in beruflicher Eigenschaft 67
–, Offenbarung als Notstandshandlung 74
–, Offenbarung an sonstige mitwirkende Personen 75
–, Offenbarungsbefugnisse 73
–, Offenbarungspflichten 76
–, Personenkreis 64
–, Sozialdatenschutz 78
–, soziale Dienste der Justiz 78
–, Strafantrag 64
–, Umfang 65
Strafrecht 99
–, materielles 100
–, Rechtsquellen 99
–, Sanktionen 101
Strafverfahren
–, Ermittlungsverfahren 145
–, erster Rechtszug 145
–, Grundsätze 144
–, Hauptverfahren 146
–, Hauptverhandlung 146
–, im Zweifel für den Angeklagten 144
–, Instanzenzug 145
–, Staatsanwaltschaft 146
–, Unschuldsvermutung 144
–, Zwischenverfahren 146

Unfallversicherung 134
–, Arbeitsunfall 134
–, Berufskrankheit 135
–, versicherter Personenkreis 134

Versicherungsrecht 131
–, Allgemeine Versicherungsbedingungen 133
–, ArbeitnehmerInnenhaftung 133
–, dispositives Recht 132
–, zwingendes Recht 132

Whistle Blowing 40

Zeugnisverweigerungsrecht
–, Aussagegenehmigung 83
–, Mitarbeiter von Beratungsstellen 82
–, Rechtsstaat 81
–, sonstige Prozessordnungen 85
–, soziale Arbeit 82
–, verfassungsunmittelbares 84
–, Verwaltungsverfahren 86
–, Zivilprozess 85

Bildungsrecht für Einsteiger

Reinhard J. Wabnitz / Markus Fischer / Jürgen Sauer
Grundkurs Bildungsrecht für Pädagogik und Soziale Arbeit
Mit 64 Übersichten, 14 Fällen und Musterlösungen.
2015. 191 Seiten.
utb-S (978-3-8252-4350-0) kt

Dieses Lehrbuch bietet einen guten Einstieg in das Bildungsrecht für Studierende pädagogischer Studiengänge. Neben rechtlichen Grundlagen der Bildung wird v.a. in relevante Themen des Familien-, Kinder- und Jugendhilfe- sowie des Sozialrechts eingeführt. Themen sind u.a. elterliches Sorgerecht, Kinderschutz, Kindertagespflege, schulische und berufliche Bildung, Bildung für Menschen mit Behinderung, Prüfungsrecht und Berufsrecht für Fachkräfte der Pädagogik und Sozialen Arbeit.

www.reinhardt-verlag.de

Familie und Recht im Fokus

Reinhard J. Wabnitz
Grundkurs Familienrecht für die Soziale Arbeit
Mit Online-Aktualisierung.
Mit 67 Übersichten, 14 Fallbeispielen und Musterlösungen.
4., überarb. Auflage 2014. 197 Seiten. 7 Tab.
utb-S (978-3-8252-4264-0) kt

Wie sind Familien- sowie Kinder- und Jugendhilferecht im deutschen Grundgesetz verankert? Was sollte man über elterliche Sorge und Vormundschaft wissen?
Reinhard Wabnitz beantwortet diese und weitere Fragen und vermittelt das relevante Basiswissen des Familienrechts – speziell aufbereitet für Studierende der Sozialen Arbeit. Die 4. Auflage wurde auf den aktuellen Stand der Gesetzgebung, Rechtsprechung und Literatur gebracht. Besonders berücksichtigt wurden Änderungen im Bereich „Elterliche Sorge".

℞ reinhardt
www.reinhardt-verlag.de

Basics des Rechts

Reinhard J. Wabnitz
Grundkurs Recht für die Soziale Arbeit
Mit 97 Übersichten, 22 Fällen und Musterlösungen.
4., aktualisierte Auflage 2018. 243 Seiten.
utb-S (978-3-8252-5080-5) kt

Dieses Lehrbuch ist der optimale Begleiter für den Einstieg in das „Recht für die Soziale Arbeit". Studierende lernen in 14 Kapiteln das relevante Basiswissen zum Recht in der Sozialen Arbeit. Im Mittelpunkt stehen Übersichten über das Wichtigste für die Klausur, ergänzt um Erläuterungen und Fallbeispiele sowie um „Vertiefungen". Für die 4. Auflage wurde das Lehrbuch durchgängig aktualisiert.

www.reinhardt-verlag.de

Rechtliche Grundlagen bei Armut

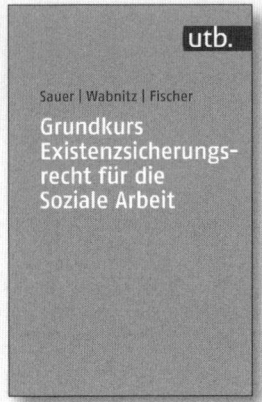

Jürgen Sauer / Reinhard J. Wabnitz / Markus Fischer
Grundkurs Existenzsicherungsrecht für die Soziale Arbeit
Mit 49 Übersichten, 14 Fällen und Musterlösungen.
2016. 181 Seiten. 9 Tab.
utb-S (978-3-8252-4673-0) kt

Das Existenzsicherungsrecht sichert dabei hilfebedürftigen Menschen die materiellen Voraussetzungen, die für ihre physische Existenz und ein Mindestmaß an Teilhabe am gesellschaftlichen, kulturellen und politischen Leben unerlässlich sind. In diesem Buch werden die wichtigsten für die Soziale Arbeit relevanten Regelungen des Existenzsicherungsrechts systematisch dargestellt. Studierende erhalten so ein Grundlagenwissen über die einschlägigen Sozialleistungen. Mit Fällen und Musterlösungen!

www.reinhardt-verlag.de

Psychologie trifft Soziale Arbeit

Barbara Bräutigam
Grundkurs Psychologie für die Soziale Arbeit
Mit Online-Zusatzmaterial.
(Soziale Arbeit studieren)
2018. 228 Seiten.
utb-S (978-3-8252-4947-2) kt

Diese Einführung vermittelt Grundkenntnisse der Psychologie, die für Studierende der Sozialen Arbeit relevant sind: Entwicklungspsychologie, Sozialpsychologie, Familien- und Erziehungspsychologie, Klinische Psychologie, Methodische Kompetenzen und Interventionsformen, Schulpsychologie etc. bis hin zu Fragen der Psychotherapie und Sozialpädagogischen Familienhilfe. Dabei wird insbesondere unter Einbeziehung zahlreicher Fallbeispiele der Einfluss der Psychologie als Wissenschaft auf die Soziale Arbeit reflektiert.

www.reinhardt-verlag.de

Souveräner Umgang mit prominenten Theorien

Philipp Sandermann / Sascha Neumann
Grundkurs Theorien der Sozialen Arbeit
Mit Online-Zusatzmaterial.
(Soziale Arbeit studieren)
2018. 238 Seiten.
utb-S (978-3-8252-4948-9) kt

Diese kritisch-systematische Einführung gibt Studierenden einen Überblick über einzelne Theorien der Sozialen Arbeit. Die Autoren ermuntern zu einer differenzierten und analytischen Auseinandersetzung mit dem aktuellen Theoriediskurs, bei dem neben dem Aussagegehalt der Theorien vor allem ihre Plausibilisierungsstrategien sowie deren Grenzen im Mittelpunkt stehen.

℟ reinhardt
www.reinhardt-verlag.de

Gewusst wie:
Methoden und deren Anwendung

Uta M. Walter
Grundkurs methodisches Handeln in der Sozialen Arbeit
Mit Online-Zusatzmaterial.
(Soziale Arbeit studieren)
2017. 238 Seiten. 11 Abb. 2 Tab.
utb-S (978-3-8252-4846-8) kt

Soziale Arbeit ist in der Praxis oft komplex und unberechenbar. Sie braucht kritisch-reflexive PraktikerInnen mit einem umfassenden Repertoire an methodischen Handlungsmöglichkeiten. Neben wichtigen Grundbegriffen und allgemeinen Komponenten methodischen Handelns geht die Autorin in diesem Lehrbuch auf spezifische Konzepte ein und gibt Studierenden zahlreiche praktische Übungen und Anregungen zur kritischen Reflexion an die Hand, um den Praxisalltag Sozialer Arbeit versteh- und gestaltbar zu machen.

www.reinhardt-verlag.de

Basiswissen Recht für die Soziale Arbeit

Jörg Reinhardt
Grundkurs Sozialverwaltungsrecht für die Soziale Arbeit
Mit 22 Übersichten, 13 Fällen und Musterlösungen.
2., überarbeitete Auflage 2019. 204 Seiten.
utb-S (978-3-8252-5195-6) kt

Das Sozialverwaltungsrecht spielt für die Praxis der Sozialen Arbeit eine wichtige Rolle: Von der Begleitung Arbeitssuchender über die Jugendhilfe bis zur Tätigkeit im ASD überlagern behördliche Zuständigkeiten, Verfahrensfragen und Rechtsschutzmöglichkeiten immer wieder fachlich-inhaltliche Aspekte. Die Kenntnis des Sozialverwaltungsrechts ist hier und in vielen anderen Bereichen der Sozialen Arbeit unverzichtbar.
Für die 2. Auflage wurde insbesondere das Kapitel zum Thema Datenschutz überarbeitet.

www.reinhardt-verlag.de

SGB VIII verständlich erklärt

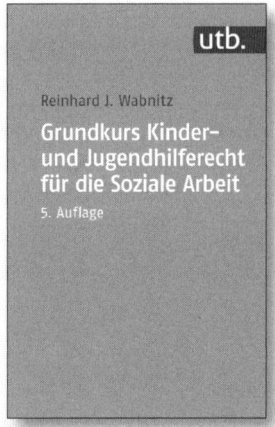

Reinhard J. Wabnitz
**Grundkurs Kinder- und Jugendhilferecht
für die Soziale Arbeit**
Mit 62 Übersichten, 3 Tabellen, 14 Fallbeispielen und
Musterlösungen. 5., aktualisierte Auflage 2019. 183 Seiten.
utb-M (978-3-8252-5192-5) kt

Dieses Buch vermittelt die elementaren Kenntnisse des Kinder- und Jugendhilferechts. Er gibt Studierenden einen Überblick über die rechtlichen Regelungen im SGB VIII, die Leistungen und anderen Aufgaben in der Kinder- und Jugendhilfe sowie über deren Trägerstrukturen und Behörden. Behandelt werden die vielfältigen Hilfs- und Förderangebote, u.a. Jugendarbeit, Jugendsozialarbeit, Kindertagesstätten, Hilfen zur Erziehung, Beratungsdienste und Schutzaufgaben zu Gunsten von Kindern und Jugendlichen.

www.reinhardt-verlag.de

Grundlagen des Rechts im Fokus

Sabahat Gürbüz
Verfassungs- und Verwaltungsrecht für die Soziale Arbeit
Eine praxisnahe Einführung
2016. 176 Seiten. 7 Abb.
utb-M (978-3-8252-4561-0) kt

Dieses Lehrbuch macht Studierende der Sozialen Arbeit mit den Grundlagen des Verfassungsrechts und Verwaltungsrechts vertraut. Inhalte sind u.a. Grundprinzipien des Rechtsstaates, Grundrechte, Rechtsanwendung und Gesetzesvollzug, Klagearten und Verwaltungshandeln. Die einschlägigen gesetzlichen Regelungen werden übersichtlich dargestellt. Insbesondere zahlreiche Beispiele aus der Rechtsprechung erleichtern den Zugang und das Verständnis. Mit Hilfe von Fällen und Lösungen kann das Erlernte systematisch selbst überprüft werden.

℞ reinhardt
www.reinhardt-verlag.de

Praxisorientierte Methodenlehre für Studierende

Dieter Kreft / C. Wolfgang Müller
Methodenlehre in der Sozialen Arbeit
Konzepte, Methoden, Verfahren, Techniken
2., überarb. u. erw. Auflage 2017. 192 Seiten. 4 Abb. 1 Tab.
utb-S (978-3-8252-4760-7) kt

Wie kann in den verschiedenen Tätigkeitsfeldern der Sozialen Arbeit fachlich angemessen und dabei planvoll gehandelt werden? Was sind die relevanten Methoden, Verfahren und Techniken und wie werden diese professionell eingesetzt? Namhafte AutorInnen erläutern in diesem Buch gut strukturiert die drei klassischen Methoden und stellen zahlreiche Beispiele für Verfahren und Techniken vor.

www.reinhardt-verlag.de

Gutes Evaluieren will gelernt sein

Joachim Merchel
Evaluation in der Sozialen Arbeit
2., aktual. Auflage 2015.
174 Seiten. 5 Abb. 11 Tab.
utb-M (978-3-8252-4472-9) kt

In diesem Lehrbuch wird anschaulich vermittelt, wozu Evaluation in der Sozialen Arbeit dient, welche Formen der Evaluation es gibt, wie man sie plant und realisiert und was eine gute Evaluation ausmacht. Studierende der Sozialen Arbeit erhalten einen grundlegenden Überblick über die Evaluation als methodischen Ansatz, der zu hohem Praxisnutzen und mehr Professionalität führen kann. Didaktisch aufbereitet mit zahlreichen Zusammenfassungen, Beispielen und Stichwörtern am Rand. Die 2. Auflage wurde durchgängig aktualisiert.

℞ reinhardt
www.reinhardt-verlag.de